MITTLERER SCHWARZWALD · 76

DER SÜDSCHWARZWALD · 112

Vorwort

Der Schwarzwald ist eines der beliebtesten Ferienziele in Deutschland und als erstklassige Wanderregion europaweit bekannt. Hier gibt es so vieles zu entdecken und zu erleben – gerade auch für Familien mit Kindern! Der Schwarzwald ist touristisch bestens erschlossen – kaum eine Region in Deutschland ist so gut »ausgeschildert« wie der Schwarzwald – und die Gastgeber sind hervorragend auf Familien mit Kindern eingestellt. Die kleinen Besucher kommen in den Genuss toller Angebote wie Familien-

Viel Platz zum Spielen und Toben – so macht Urlaub Spaß!

wanderungen, Badespaß, Themenwege, Museen für Kinder, Mitmach-Bauernhöfe, Freizeit- und Kletterparks und und und … Aber auch Mama und Papa können hier ihren »Erwachsenenspaß« haben: So gibt es schöne Wellness- und Thermalbäder, Fahrspaßangebote wie Segway, E-Quad oder den »Ziesel« – ein Offroad-Ketten-fahrzeug – sowie speziell gekennzeichnete Mountainbike-Trails. Und natürlich kann man gut einkehren und dabei sogar zu den Sternen greifen: Allein in der Gemeinde Baiersbronn im Nordschwarzwald gibt es drei Restaurants, die von Michelin empfohlen werden.

Wir selbst sind im Schwarzwaldverein aktiv und treffen uns regelmäßig mit anderen Familien zu Ausflügen. Wandern in der Gruppe macht den Kindern einfach sehr viel Spaß. Zusammen entdecken sie Spannendes und erleben Abenteuer. So gibt es plötzlich Tiger im Wald, ein bemooster Baumstamm wird zum Dino oder es gilt, einen geheimen Schatz zu finden. Da bleibt keine Zeit für müde Füße! Die Ortsgruppen des Schwarzwaldvereins bieten Familienwanderungen an, an denen Sie auch als Nichtmitglied oder Feriengast gerne teilnehmen können. In diesem Reiseführer finden Sie eine Auswahl unserer Lieblingsziele.

So, und jetzt wünsche ich Ihnen viel Spaß im schönen Schwarzwald!
Herzliche Grüße
Veronika Beyer

Infos zu Land und Leuten

Anreise

Die nächsten Flughäfen befinden sich in Stuttgart, in Straßburg, bei Karlsruhe und in Basel. Mit dem Auto fahren Sie über die A 5 oder die A 81 und dann über die Landstraßen zu ihrem Ferienort. Dann können Sie Ihr Auto aber getrost stehen lassen, denn als Feriengast bekommen Sie eine **Konus**-Gästekarte (»**ko**stenlose **Nu**tzung des öffentlichen Nahverkehrs für **S**chwarzwaldurlauber«), mit der Sie kostenlos Bus und Bahn fahren können. In der Saison verkehren außerdem spezielle Wanderbusse.

Baden

Jede größere Ortschaft hat ihr eigenes Frei- manchmal auch Hallenbad. Erholsamen Badespaß finden Familien auch an den zahlreichen Seen. Uns gefallen besonders der Nagoldstausee, der Titisee, der Schluchsee und – ein Geheimtipp – der Windgfällweiher. Außerdem bietet der Nonnenmattweiher im Feldberggebiet ein einmaliges Naturbad: Ein Teil des kleinen Sees ist von einer schwimmenden Torfinsel bedeckt. Der Badebereich ist mit schwimmenden Baumstämmen markiert – sehr, sehr idyllisch!

Bauernhof

Für Kinder ist ein Urlaub auf dem Bauernhof ungemein spannend: Tiere streicheln, füttern, im Stall mithelfen, vielleicht sogar eine Runde auf dem Traktor mitfahren und frische Milch probieren. Viele Bauernhöfe im Schwarzwald bieten Ferienwohnungen oder Zimmer an und sind bestens auf Familien eingestellt. Informationen: www.kinder-bauernhoefe.de; www.hochschwarzwald.de/uebernachten. Oder genießen Sie bei einem Bauernhof-Brunch regionale Produkte und verbringen einen entspannten Vormittag. Aktuelle Termine: www.naturparkschwarzwald.de/Brunch auf dem Bauernhof.

Beste Reisezeit

Reisezeit ist im Schwarzwald eigentlich immer. Frühjahr ist Blütezeit: Krokusblüte am Zavelstein, Kirschblüte im Achertal und zahlreiche blühende Streuobstwiesen. Im Sommer kommen Urlaubsgäste und auch viele Tagesausflügler aus der Rheinebene oder der nahen Schweiz, um den erfrischend kühlen Wald und die Badeseen zu genießen. Herbst ist Wanderzeit, denn im Oktober gibt es oft noch schöne, sonnige Tage. Man sollte das Wetter, vor allem in den Höhenlagen, aber nicht unterschätzen. Sehr schnell kann ein Gewitter aufziehen oder es wird plötzlich neblig. Im Mai und Juni gibt es besonders an der Westseite des Schwarzwalds viel Regen. August und September dagegen sind recht sonnensicher. Die Chance auf Schnee ist im Januar und Februar deutlich höher als vor Weihnachten.

Camping

Im Zelt schlafen, abends Würstchen am Lagerfeuer grillen, vielleicht eine kleine Nachtwanderung: Das sind für Kinder – und für die Eltern – einmalige Erlebnisse. Im Schwarzwald gibt es eine ganze Reihe wunderschön gelegener Campingplätze. Unser Lieblingscampingplatz liegt direkt am Titisee: morgens baden, tagsüber im herrlichen Hochschwarzwald wandern und abends grillen: traumhaft. Infos: www.camping-titisee.de; Übersicht der Campingplätze: www.hochschwarzwald.de/uebernachten.

Essen und Trinken ...

... sind für unsere Kinder oft eine Motivation, doch den Berg hinaufzusteigen. Was gibt es auch Schöneres als nach einer erlebnisreichen, anstrengenden Wanderung auf einer schönen Hütte zu sitzen und gut zu vespern! Traditionell wird im Schwarzwald deftig gegessen: Kässpätzle, Brägele mit Bibeleskäs, Maultäschle mit Kartoffelsalat, Schäufele mit Kraut, Räucherforellen, Braten mit brauner Soße, Pfifferlinge mit Semmelknödeln, Zwiebelrostbraten, Schwarzwälder Schinken mit Bauernbrot, Eintopf, Feldsalat mit Speck und Kracherle und natürlich die berühmte Schwarzwälder Kirschtorte mit Kirschwasser.

Die Eltern genießen außerdem das gute Bier aus traditionsreichen lokalen Brauereien oder, je nach Vorliebe, auch Most und Obstwasser. In der Vorbergzone wird gerne Flammkuchen gegessen – Einflüsse aus dem benachbarten Elsass sind zu spüren. Dazu gehört ein guter Tropfen badischen Weines: Kaiserstuhl und Ortenau sind zwei bekannte Anbaugebiete zu Füßen des Schwarzwalds. Regionale, frische Produkte erhalten Sie auf einem der zahlreichen Wochen- und Bauernmärkte. Spezielle Naturpark-Märkte bieten neben regionalen Köstlichkeiten auch ein Begleitprogramm mit Musik und

Zelten: ein unvergessliches Erlebnis – nicht nur für die Kinder!

Handwerksvorführungen. Termine unter: www.naturpark-suedschwarz-wald.de/Essen und Trinken.

Geschichte und Geschichten

Viele Mythen, Sagen und düstere Geschichten ranken sich um den schwarzen Wald – *silva nigra*, wie ihn die Römer nannten. Damals war das Waldgebiet groß und kaum zu durchdringen. Doch Bodenschätze lockten Menschen an: Silber-, Kupfer- und Eisenerz wurden bereits vor 2000 Jahren im Schwarzwald abgebaut. Im Mittelalter rodeten Mönche den Wald systematisch, verwandelten ihn in Weide- und Siedlungsland, auf dem sich Bauern ansiedelten. Dörfer und Gehöfte entstanden, doch der Boden war mager und an Ackerbau, der eine Familie ernährt hätte, nicht zu denken. Die Winter waren lang und kalt. So betrieb man meist Viehwirtschaft. Reichlich vorhanden war Holz: Es bildete die Grundlage für Handel und Handwerk im Schwarzwald. Schwarzwaldholz war für den Schiffsbau sehr gefragt. Flößer transportierten die bis zu 50 Meter langen Stämme die Schwarzwaldflüsse hinab und weiter über den Rhein bis nach Holland – eine harte, aber auch sehr lukrative Arbeit. Man schlug den Wald teilweise komplett kahl und forstete ihn mit schnell wachsenden Fichten auf. Diese verdrängten den ursprünglichen Mischwald und prägen das heutige Landschaftsbild. Aus Holz erzeugte man außerdem Kohle, die in den Glashütten und Erzbergwerken gebraucht wurde. Die Köhler führten mit ihren Familien ein hartes, einsames und unstetes Leben im Wald bei ihren Meilern. Schwarzwälder Uhrmacher perfektionierten ihr Handwerk und entwickelten den Exportschlager »Kuckucksuhr«. Viele Feste und Traditionen erinnern bis heute an das karge Leben früherer Zeiten. Im Südschwarzwald wird die Fasnet, wie man den Karneval dort nennt, groß gefeiert: Grauslige Holzmasken, Hexen und Teufel toben zur Guggemusik durch die Straßen – da kann es einen auch schon mal schaudern. Die närrischen Tage in Schramberg, Villingen-Schwenningen oder Gengenbach zu erleben, ist ein einmaliges Erlebnis. Aktuelle Termine: www.schwarzwald-tourismus.info.

Heidelbeeren (Blaubeeren)

Mhh, Heidelbeerkuchen, Heidelbeerpfannkuchen, Heidelbeereis oder Heidelbeerwein (natürlich nur für die Eltern)! In früherer Zeit war diese kleine blaue Waldbeere für viele Familien ein wichtiges Zubrot. Ab Juli beginnt die Saison und dauert je nach Höhenlage bis August oder September. Falls Sie selbst mit Ihren Kindern die leckeren Beeren sammeln möchten, beachten Sie bitte Einschränkungen in Natur- und Landschaftsschutzgebieten.

Karten

Die Wanderwege im Schwarzwald sind hervorragend markiert. An jedem Wanderparkplatz gibt es eine Übersichtskarte und an jeder größeren Wegkreuzung finden Sie Schilder. In den Touristenbüros können Sie sich zumeist kostenlos Flyer mit kleinen Karten besorgen. Verlassen Sie sich bitte nicht auf Ihr Handy – nicht überall haben Sie Empfang! Sehr genau und detailgetreu sind die topographischen Karten des Landesamts für Geoinformation und Landentwicklung Baden-Württemberg LGL (ehemals Landesvermessungsamt).

Naturschutz

In zahlreichen Naturschutzgebieten können die Kleinen viel sehen, erleben und lernen. Oft gibt es für Kinder spezielle Rätsel und kleine Experimente am Wegesrand. Seit 2014 hat Baden-Württemberg seinen ersten Nationalpark – und der liegt im Norden des Schwarzwaldes. Am Ruhestein an der Schwarzwaldhochstraße entsteht ein neues Besucherzentrum, das großen und kleinen Besuchern den Naturraum Schwarzwald näherbringt. Heute gibt es bereits das Nationalparkzentrum mit einer kleinen Ausstellung zu Geologie und Natur sowie einem vielfältigen Jahresprogramm: www.schwarzwald-nationalpark.de. Am Kaltenbronn (Gernsbach) befindet sich ein Infozentrum, das eine kleine Ausstellung zu Flora und Fauna im Schwarzwald zeigt und über das Jahr geführte Wanderungen, ein Kinderprogramm und naturkundliche Exkursionen anbietet: Infos unter: www.infozentrum-kaltenbronn.de.

Obstler

Das ist jetzt wohl eher etwas für die Eltern … Im Schwarzwald hat das hochprozentige Obschtwässerle eine lange Tradition. Typisch sind das Kirschwasser oder der Zwetschgenschnaps. Aber auch der Obstler, der aus verschiedenen Obstsorten gebrannt wird, gehört zu den traditionellen »Rachenputzern«. An so manchem Wanderweg gibt es ein Schnapsbrünnele. Dort kann man, gegen Entgelt ins Kässle, einen Schnaps zur »Stärkung« trinken. Meistens stehen als Alternative aber auch Limo, Wasser und alkoholfreies Bier zur Verfügung.

Reiten

Zahlreiche Reiterhöfe bietet Reiterwochen, Reitkurse, Ausflüge und Familientage an. Es gibt aber auch Bauernhöfe, wo Sie als Feriengast die Möglichkeit haben, auszureiten, oder die Ponyreiten für Kinder anbieten. Toll ist zum Beispiel der Hirschfeldhof bei Pfalzgrafenweiler im Nordschwarzwald, wo Sie als besonderes Erlebnis im Schäferwagen übernachten können, oder das Islandpferdegestüt Scherzinger Hof bei Hinterzarten, südlich von Frei-

Reiterferien? Im Schwarzwald gibt es viele tolle Möglichkeiten.

burg. Lust auf Glamour? Besuchen Sie doch mal die Galopprennbahn bei Iffezheim/Baden-Baden! Dort gibt es neben Pferderennen, beispielsweise bei der »Großen Woche« Ende August/Anfang September immer auch ein buntes Kinderprogramm. Informationen: www.reiten.de/Schwarzwald.

Skifahren und Langlauf

Der Schwarzwald ist die Wiege des Skisports in Deutschland. 1891 wurde in Todtnau der erste Skiclub Deutschlands gegründet und der Feldberg entwickelte sich bald zum beliebten Betätigungsfeld für diesen Sport. Heute

Klosterruine Allerheiligen im Winter: sehr romantisch.

können die Pisten im Schwarzwald in Bezug auf Abfahrtskilometer und Höhendifferenz zwar nicht mit den großen Wintersportgebieten in den Alpen mithalten – doch gerade das macht sie für Familien mit Kindern geeignet. Das Feldberggebiet ist außerdem sehr schneesicher.

Mit über 170 gespurte Loipen ist der Schwarzwald das Top-Langlaufgebiet in Deutschland. Immer mehr Familien begeistern sich für diese sportliche Art, die winterliche Natur zu erleben. Eine gute Skischule mit breitem Angebot gibt es am Notschrei: www.nordic-schule-notschrei. de. Viele Sportgeschäfte und Vereine verleihen Ausrüstung gegen geringes Entgelt. Informationen: www.langlauf-im-schwarzwald.de.

Übernachten

An Übernachtungsmöglichkeiten bietet der Schwarzwald praktisch alles, was das Herz begehrt: Von gediegenen Wellnesshotels bis zu Schlafen im Stroh ist alles zu haben. Jüngere Kinder finden Bauernhofurlaub spannend, ältere vielleicht eine Übernachtung im Heubett. Natürlich gibt es auch viele Ferienwohnungen, Pensionen und urig-gemütliche Landgasthöfe. Die Preise unterscheiden sich je nach Region sehr stark. Für ein Bett in der Freiburger Altstadt bezahlt man deutlich mehr als für ein Zimmer in einem Landgasthof im abgelegenen Hochschwarzwald. Vielerorts gibt es zur Ferienzeit auch Kinderferienprogramme und Kinderbetreuungsangebote. Wir haben gute Erfahrungen mit Jugendherbergen gemacht: Dort herrscht immer eine gesellige Atmosphäre und man kommt leicht in Kontakt mit anderen Familien. Besonders urig ist die Jugendherberge in St. Blasien/Menzenschwand, die in einem über 300 Jahre alten Bauernhaus im höchst idyllischen Menzenschwander Tal liegt. Oder wie wäre es mit einer Übernachtung in einer Berghütte? Wenn Sie etwas Besonderes möchten, sollten Sie frühzeitig buchen! Unterkünfte, die der Schwarzwaldtradition besonders verbunden sind, sind laut Schwarzwald Tourismus mit dem Label »Echte Gastlichkeit« gekennzeichnet. Informationen gibt's unter www.schwarzwaldtourismus.info sowie auf den Internetseiten Ihrer Urlaubsdestination.

Oben: Geteilte Freude ist doppelte Freude. Unten: Die schwäbisch-alemannische Fasnacht ist legendär und wird vor allem im Südschwarzwald ausgiebig gefeiert.

Wandern mit Kindern

Der Schwarzwald ist ein Wanderparadies: Das Angebot umfasst 24.000 km ausgezeichnete Wanderwege, den berühmten Westweg sowie 27 prämierte »Genießerpfade«. Für Familien gibt es kindgerechte Themenwege mit Rätsel- und Spielstationen. Denken Sie daran: Mit Kindern wandert man anders. Mal schafft man in vier Stunden lediglich zwei Kilometer, weil gerade hier ein spannender Ameisenhaufen ist, dort ein toller Bach zum Plantschen einlädt oder es prima Felsen zum Klettern und Kraxeln gibt. Ein anderes Mal laufen die Kleinen problemlos zehn, zwölf Kilometer. Planen Sie auf jeden Fall nicht zu viel, bleiben Sie offen und genießen Sie, was sich gerade anbietet. Verabreden Sie sich mit anderen. Wandern mit anderen macht den Kindern meist mehr Spaß.

Was man trotz Kindern gesehen haben sollte

Wellness und mehr

Im Schwarzwald gibt es eine ganze Reihe bekannter **Heil- und Mineralquellen**. Zum Beispiel werden das Bad Liebenzeller Mineralwasser, das Teinacher oder die Hirschquelle deutschlandweit vertrieben. Der Betrieb Teinacher Mineralbrunnen kann übrigens besichtigt werden. Mehr Infos unter www.mineralbrunnen-teinach.de.

Es gibt auch eine ganze Reihe schöner **Thermalbäder**. Viele Thermalquellen wurden schon von den Römern genutzt und im Laufe der Jahrhunderte hat sich ein traditionsreicher Badbetrieb entwickelt. Der – wohl auch im Ausland – bekannteste Kurort im Schwarzwald ist Baden-Baden. Das dortige Friedrichsbad ist ausgesprochen schön und unbedingt besuchenswert. Sehr empfehlen können wir auch die Vital Therme in Bad Wildbad, die Rotherma bei Gaggenau im Nordschwarzwald, das Keidel Bad bei Freiburg oder das Radon Revital Bad bei St. Blasien im Südschwarzwald.

Einen Besuch der Alpirsbacher Brauwelt sollten Sie nicht verpassen.

Weinverkostung

Wein wird vor allem dort angebaut, wo der Schwarzwald in die Rheinebene übergeht. Hier ist das Klima ideal und bietet gute Bedingungen. Bekannte Weinanbaugebiete sind die Ortenau und der Kaiserstuhl. Im Herbst gibt es hier Weinfeste und auch unterm Jahr kann man manch einen Winzerkeller besichtigen und die Weine probieren. Hier zwei besondere Weinerlebnisse:

Weinerlebnis Winzerkeller Hex vom Dasenstein, Winzerkeller Hex vom Dasenstein eG, Burgunderplatz 1, 77876 Kappelrodeck,

Tel. 07842/9938-0: Von April bis Oktober findet jeden Freitag (außer an Feiertagen) um 15 Uhr eine Winzerkeller-Besichtigung mit kleiner Weinprobe statt. Man kann auch einen schönen Käse- oder Vesperteller dazu bekommen. Teilnahme ohne Voranmeldung möglich; Kosten: 6 €. Es gibt auch verschiedene Angebote für Gruppen. Weitere Infos unter www.dasenstein.de.
Rebenbummler – rollendes Weinerlebnis: Ein wirklich einmaliges Erlebnis ist eine Fahrt mit dem historischen Dampfzug durch den schönen Kaiserstuhl, Weinverkostung und Leckereien inklusive. Es empfiehlt sich aber, frühzeitig zu buchen, denn die Veranstaltungen sind sehr beliebt. Ausgangspunkt ist der Bahnhof in Riegel/Malterdingen. Infos und Termine unter www.eisenbahnfreunde-breisgau.de/de-fahrtangebote.html. Im Frühjahr gibt es übrigens auch Spargelfahrten.

Brauereiführung

Es gibt eine ganze Reihe hervorragender Biere, die im Schwarzwald gebraut werden. Folgende Brauereien bieten interessante Besichtigungen an:
Alpirsbacher Brauwelt Marketing GmbH & Co. KG, Marktplatz 1, 72275 Alpirsbach, Tel. 07444/671 49: Es finden tägl. um 14.30 Uhr Führungen statt. Hierzu ist keine Anmeldung erforderlich. Außerdem kann das Biermuseum besichtigt und im Brauereiladen gestöbert werden. Es werden auch Bierseminare angeboten. Weitere Infos unter www.alpirsbacher.de; Tipp: Es gibt ein Kombi-Ticket für eine Brauereiführung und die Klosterbesichtigung.
Badische Staatsbrauerei Rothaus, Rothaus 1, 79865 Grafenhausen-Rothaus, Tel. 07748/5220: Führungen durch die Brauerei finden Mo–Fr um 12 Uhr und um 17 Uhr statt, Sa und So um 12 und 14 Uhr, eine Führung dauert etwa 90 Minuten und kostet 9 €. Bei der Führung bekommt man interessante Hintergrundinfos zum Brauereihandwerk und zum Brauprozess, anschließend kann man im Brauereigasthof gut essen. Weitere Infos unter www.rothaus.de.

Schwarzwälder Schinkenmuseum

Im Feldbergturm befindet sich ein kleines Museum, das dieser Schwarzwälder Spezialität gewidmet ist. Wer mit der Bergbahn auf den Gipfel fährt, kann kostenfrei das Museum besuchen. Geöffnet: Mai, Juni, Oktober 9–16.30 Uhr, Juli–Sept 9–17 Uhr; Eintritt: 2,90 €; Adresse: Franz-Klarmeyer-Weg, 79868 Feldberg, www.feldbergbahn.de.

DER NORD-
SCHWARZWALD

Die Urlaubsregion Nordschwarzwald

Der Nordschwarzwald erstreckt sich von Pforzheim im Norden bis zum Kinzigtal im Süden, vom Rheintal im Westen bis in die Region Stuttgart im Osten. Vier wunderschöne Täler durchziehen den Nordschwarzwald von Süd nach Nord: Die Flüsschen Murg, Alb, Enz und Nagold haben sich tief in die bewaldeten Höhenzüge eingeschnitten und bieten attraktive Familienziele abseits des touristischen Rummels. Während Sie auf den Berghöhen ursprüngliche Natur erleben können, finden Sie in den reizvollen Ortschaften im Tal ein vielfältiges kulturelles Angebot und zahlreiche Ausflugsmöglichkeiten. Nach Osten flacht sich der Schwarzwald ab und geht allmählich in die Landschaft des Heckengäus und den Großraum Stuttgart über.

Berühmtester Ort des Nordschwarzwalds ist die mondäne Kurstadt Baden-Baden. Schon die Römer errichteten hier ein Bad. Heute bieten die Caracalla-Therme und das Friedrichsbad Erholung und Entspannung, aber eher für Erwachsene. In der hübschen Altstadt kann man durch die Gassen bummeln, in einem der vielen Cafés Leckereien naschen, in der Trinkhalle mal von dem eklig schmeckenden, aber – wie es heißt – höchst gesunden Thermalwasser probieren. Oder man spaziert am idyllischen Flüsschen Oos entlang durch den Kurpark und weiter bis Lichtental.

Die Stadt Baden-Baden hat jede Menge Kultur zu bieten: das berühmte Museum Frieder Burda, die Staatliche Kunsthalle, das Fabergé Museum, das Brahmshaus, das Stadtmuseum … oder das Toccarion im Festspielhaus, ein Musikspielplatz für Kinder ab 5 Jahre (Infos: www.toccarion.de).

Das Murgtal liegt östlich von Baden-Baden, hinter dem ersten Höhenzug des Schwarzwalds. Die höchste Murgtal-Gemeinde, Baiersbronn, bezeichnet sich selbst als Wanderhimmel und tatsächlich gibt es wunderschöne, ja himmlische Touren rund um die Murgtalgemeinde, beispielsweise den Genießerpfad Sankenbachsteig. Im mittleren Talabschnitt gurgelt der Fluss durch eine wilde Granitschlucht.

Im unteren Teil laden idyllische Städtchen und ein mildes Klima zum Verweilen ein. Über den das Tal westlich begrenzende Höhenzug verläuft die Schwarzwaldhochstraße B 500. Hier erheben sich die höchsten Gipfel des Norschwarzwaldes und hier liegt auch Baden-Württembergs einziger Nationalpark.

Auf geht's zu den Gertelbachfällen – ein tolles Ausflugsziel an der Schwarzwaldhochstraße.

Das Albtal führt auf 51 km Länge von Bad Herrenalb bis nach Karlsruhe. Das malerische Flüsschen Alb fließt durch Bad Herrenalb und Frauenalb, beides ehemalige Klostergemeinden. Sie plätschert gemächlich bergab durch Marxzell, wo das Verkehrsmuseum mit seinen Raritäten ein echter Geheimtipp ist, dann durch Ettlingen, eine lauschige Kleinstadt am Tor zum Schwarzwald. Am Ende durchquert sie die badische Hauptstadt Karlsruhe, die zu entdecken für Jung und Alt ein ein-maliges Erlebnis ist.

Im Enztal und seinen Seitentälern gibt es eine ganze Reihe toller Ausflugsmöglichkeiten. Starten Sie in der Schmuckstadt Pforzheim mit dem schönen Tierpark und attraktiven Spielplätzen. Besuchen Sie anschließend das Besucherbergwerk Neuenbürg an der Enz und erleben Sie Natur pur im einsamen Eyachtal. Bad Wildbad ist das touristische Zentrum des Tals und bekannt für seine Therme, die Standseilbahn auf den Sommerberg und jüngst auch durch den Baumwipfelpfad inklusive einer 55 Meter langen Röhrenrutsche! Im obersten Enztal erleben Familien Spaß auf der Sommerrodelbahn bei Enzklösterle – oder geraten auf einer Urwaldwanderung im Bärlochkar ins Staunen.

Das Flüsschen Nagold entspringt bei Seewald und mündet bei Pforzheim in die Enz. Plantsch- und Badespaß pur gibt's am Nagoldstausee, einen supertollen Barfußpfad finden Sie in Hallwangen/Dornstetten. Altensteig ist ein Fachwerkstädtchen wie aus dem Bilderbuch, die Burgruine Hohennagold beeindruckt Jung und Alt und in Calw wandeln Sie auf den Spuren des weltbekannten Schriftstellers Hermann Hesse.

1 Schloss Hohenbaden und Battert

Burgruine und Kletterfelsen

Die Burgruine und die Felsen sind ein absolutes Top-Ausflugsziel in der Region. Hier haben alle Spaß! Sie entdecken die Ruine, unternehmen dann eine kleine Wanderung durch die faszinierende Felsenwelt des Battert und kehren anschließend in Burgherrenmanier ein.

Hoch über Baden-Baden liegt das alte Schloss Hohenbaden. Es bildete zusammen mit der Burg Alt-Eberstein und der Yburg ein Verteidigungssystem rund um Baden-Baden. Die Kinder haben einen großen Spaß beim Durchstreifen der alten Burganlage. Viele GEHEIMNISVOLLE ECKEN, Nischen und Gänge wollen erforscht werden. Von oben hat man eine FANTASTISCHE AUSSICHT auf Baden-Baden und die Rheinebene. Im unteren Teil der Anlage befindet sich ein nettes kleines Restaurant-Café, dessen Einrichtung den Zauber des vergangenen Burglebens erahnen lässt. Die Burg-

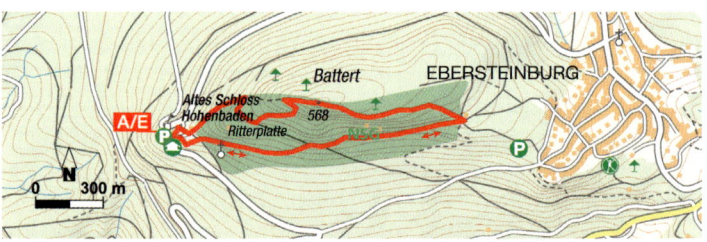

Ausgangs-/Endpunkt: Wanderparkplatz Schloss Hohenbaden, Alter Schloßweg 10, 76532 Baden-Baden (GPS-Koordinaten: 48.776527, 8.244167)
Anfahrt: Nördlich von Baden-Baden, Abzweig von der Zähringer Straße ausgeschildert
Weglänge: Rundweg Battert 3 km
Sehenswert: Burgruine Schloss Hohenbaden, Mo–Fr 7.30–18 Uhr; Battertfelsen
Einkehr: Gaststätte Altes Schloss Hohenbaden; vielfältige Gastronomie in Baden-Baden

Kinder, nehmt eure Taschenlampe mit, damit ihr auch die Kellergewölbe durchstöbern könnt!

anlage Hohenbaden wurde vermutlich im 11. Jahrhundert erbaut und war Sitz der Markgrafen von Baden und ein beeindruckend großes Bauwerk mit um die 100 Zimmern. Sie wird auch das »Alte Schloss« genannt, denn im 15. Jahrhundert verlegte der Markgraf seinen Herrschaftssitz ins Neue Schloss auf dem Florentinerberg in Baden-Baden. Ende des 16. Jahrhunderts brannten große Teile der Burganlage nieder oder wurden stark beschädigt und verfielen daraufhin. Die BATTERTFELSEN sind seit 1981 Naturschutzgebiet, rund um die Felsen befindet sich ein Bannwald. Bei Kletterern ist der Battert sehr beliebt. Es gelten allerdings strenge Regeln. Wandern Sie auf dem Battert-Rundweg rund um die Felsenlandschaft und genießen Sie die EINMALIGE NATUR und immer wieder eine unglaubliche Aussicht. Wem die 3 km Rundweg zu wenig Wandererlebnis sind, kann auch sehr schön bis zur BURG ALT-EBER-STEIN weiterwandern.

HEY KIDS,
bei Wind könnt ihr seltsame Töne hören. In einem Fenster des alten Rittersaals befindet sich nämlich eine WINDHARFE, die über 4 m hoch ist.

21

2 Auf den Merkur

Familienerlebnisse am Hausberg Baden-Badens

Der Merkur, benannt nach dem römischen Gott, ist Baden-Badens Hausberg und reich an Freizeitmöglichkeiten. Ob Nachmittagsausflug, Spaziergang oder Ganztageswanderung – der Merkur eignet sich hervorragend als Ausgangspunkt, um schönste Schwarzwälder Landschaften zu genießen.

Steht Ihnen der Sinn nach einem gemütlichen Familienausflug? Fahren Sie mit der MERKURBAHN zum Gipfel und genießen Sie bei Kaffee und Kuchen die einmalige Aussicht. Bei gutem Wetter kann man GLEIT-SCHIRMFLIEGER beobachten. Spazieren Sie auch zum AUSSICHTSTURM – es ist der einzige Aussichtsturm, den ich kenne, der einen Fahrstuhl hat. Neben dem Turm befindet sich ein kleiner Spielplatz und

BLÜTENZAUBER
Mitte Mai blühen auf dem Merkur die Rhododendronbüsche – sehr hübsch!

während die Kinder schaukeln, können Sie auf den dort bereitstehenden Holzliegen die Sonne genießen! Anschließend fahren Sie mit der Bahn zurück oder Sie wandern (4,5 km) wieder zur Talstation. Die Merkurbahn ist übrigens die längste Standseilbahn Deutschlands und feierte 2013 ihr hundertjähriges Bestehen. Oder Sie fahren mit der Bahn

Ausgangs-/Endpunkt: Merkuriusberg 2, 76530 Baden-Baden (GPS-Koordinaten: 48.764577, 8.281094)
Anfahrt: ÖPNV ab Baden-Baden mit den Buslinien 204 und 205
Weglänge: Merkurgipfel–Talstation 4,5 km, Wolfsschlucht–Ebersteinburg 3 km, Rundweg Wildgehege 4,5 km
Sehenswert: Merkurbahn, tägl. 10–22 Uhr, Erwachsene 4 €, Kinder 6–15 Jahre 2 € (Berg- u. Talfahrt); Aussichtsturm auf dem Merkur
Einkehr: Merkurstüble an der Bergstation der Merkurbahn, tägl. 10–18 Uhr, im Sommer bis 21.30 Uhr; Waldcafé, Merkuriusberg 1, 76530 Baden-Baden, www.waldcafe-baden-baden.de, Di–Sa 10–22 Uhr, So 10–20 Uhr

Bei gutem Wetter ist der Merkur bei Gleitschirmfliegern sehr beliebt.

zum Gipfel und wandern dann durch die WOLFSSCHLUCHT zur Ebersteinburg (einfache Strecke 3 km). Wenn Sie gerne länger wandern möchten, können Sie den Ausflug zum Merkur mit einer Wanderung zu den BAT-
TERTFELSEN kombinieren. Für kleinere Kinder ist auch ein Spaziergang
von der Talstation zum WILDGEHEGE schön. Nicht weit vom Wildgehege
finden Sie das WALDCAFÉ,
wo man auch einkehren
kann. Das Wildgehege
lässt sich auch in eine
kleine Rundwanderung
einbauen: Der Weg ist
4,5 km lang und bestens
ausgeschildert.

HEY KIDS,
im WILDGEHEGE am Merkur
gibt es Damwild, Mufflons,
Rothirsche und Wildschweine
zu sehen.

3 Geroldsauer Wasserfälle

Faszinierender Ausflug in die Welt der moosigen Steine

Moosbewachsene Steine, ein idyllischer Wald, der plätschernde Bach, beeindruckende Wasserfälle: Auf dem Ausflug im Grobbachtal tauchen Sie in eine ganz besondere Atmosphäre ein. Der sehr schöne Rundwanderweg ist auch mit kleineren Kindern gut zu bewältigen.

Ende Mai/Anfang Juni zur Rhododendronblüte an den Geroldsauer Wasserfall: traumhaft!

Wenn wir von Baden-Baden aus auf der B 500 Richtung Geroldsau fahren, kommen wir durch Lichtental. Hier lohnt sich ein Zwischenstopp, denn in Lichtental gibt es ein schönes Zisterzienserinnen-KLOSTER, dabei einen Klosterladen und das Café Lumen, wo es KÖSTLICHE WAFFELN gibt. Um im Grobbachtal und bei den Geroldsauer Wasserfällen zu wandern, parken wir entweder oben am Wanderparkplatz bei der Ausflugsgaststätte Bütthof oder in einer der zahlreichen Parkbuchten entlang der Straße. Wer mit den Öffentlichen fahren möchte, kann ab Baden-Baden Bahnhof mit der Linie 245 bis Geroldsau, Haltestelle Geroldsau/Malschbach,

Ausgangs-/Endpunkt: Wanderparkplatz, 76534 Baden-Baden Bütthof (GPS-Koordinaten: 48.711398, 8.248097)
Anfahrt: Auf der B 500 vom Stadtzentrum Baden-Baden Richtung Geroldsau, nach dem Hotel Sonne kurz vor dem Ortsausgang links, dann ca. 2 km weiter bis zum Wanderparkplatz; ÖPNV: Buslinie 245 ab Baden-Baden Bahnhof, Haltestelle Geroldsau/Malschbach
Weglänge: Wasserfall-Rundweg 3 km
Einkehr: Bütthof, Mo und Di Ruhetag

Der Geroldsauer Wasserfall ist geologisches Naturdenkmal.

fahren und dann der Beschilderung folgen. Die Geroldsauer WASSER-FÄLLE sind zu jeder Jahreszeit ein tolles NATURERLEBNIS. Im Frühjahr zwischen Mai und Mitte Juni blühen zahlreiche Rhododendronbüsche entlang des Weges und rings um den Wasserfall. Im Sommer ist das Tal angenehm kühl und schattig. Im Herbst, wenn sich die Blätter bunt färben, oder wenn der Winter EISKUNSTWERKE zaubert, vermittelt das Tal eine besonders zauberhafte Atmosphäre. Kein Wunder also, dass bereits Johannes Brahms und Clara Schumann ihre Spaziergänge in diesem wunderbaren Tal genossen. Man kann das Tal auf einem ca. 3 km langen Rundweg erkunden und sollte trotz der geringen Steigung unbedingt genügend Zeit für Entdeckungspausen einplanen: Hier muss ein wenig am BACH geplantscht werden, dort eine vermeintliche ZWERGENHÖHLE erforscht werden. Direkt am Wasserfall gibt es eine kleine Schutzhütte, wo es sich gut rasten lässt. Zum Abschluss gibt's im Bütthof ein LECKERES EIS oder ein deftiges Vesper.

4 Mit dem Rad von Rastatt zum Schloss Favorite

Tour und Kultur

Ein romantisches Schlösschen und ein Park am See, in dem man herrlich picknicken und Ball spielen kann, senationeller Kuchen im Schlosscafé und putzige Bisamratten im Schlossteich – und am Ende ein Besuch im Erlebnisbad Cuppamare. Was will Kind mehr?

Diese einfache Fahrradtour kann auch mit kleineren Kindern gut unternommen werden. Wir beginnen am Hauptbahnhof in Rastatt. Vom Bahnhof aus fahren wir zunächst ein kurzes Stück die B 3 entlang, queren dann die

Ausgangs-/Endpunkt: Rastatt Hauptbahnhof oder Parkplatz am Städtischen Freibad (GPS-Koordinaten: 48.860715, 8.215057 oder 48.853911, 8.214992)
Anfahrt: B 3 oder A 5; Parkmöglichkeiten vor Ort siehe www.parkopedia.de
Weglänge: 15 km, keine nennenswerte Steigung
Sehenswert: Schloss Favorite, Am Schloss Favorite 5, 76437 Rastatt-Förch, 15. März–30. Sept Di–So 10–18 Uhr, 1. Okt–15. Nov Di–So 10–17 Uhr, Infos zu Familienführungen unter www.schloss-favorite-rastatt.de, Familienticket 20 €; **Residenzschloss Rastatt**, Herrenstraße 18–20, 76437 Rastatt, 1. April–31. Okt Di–So 10–17 Uhr, 1. Nov– 31. März Di–So 10–16 Uhr, www.schloss-rastatt.de, Familienticket € 18,70; **Festungsanlage und Kasematten** Rastatt, Führungen werden jeden 3. So im Monat vom Historischen Verein angeboten, Treffpunkt 10 Uhr, Militärstraße 11 in Rastatt, Termine aktuell unter www.hist-ver-rastatt.de, Erwachsende und Kinder ab 10 Jahre 4 €
Einkehr: Schlosscafé Favorite, Am Schloß Favorite 8, 76437 Rastatt, Tel. 07222/94 92 53, www.schlosscafe-favorite.de, Di–So 10–19 Uhr; Restaurant Fohlenweide, schön gelegenes Restaurant mit ungarischen und badischen Spezialitäten sowie einem Spielplatz, Ötigheimer Weg 92, 76437 Rastatt, Tel. 07222/241 23, www.fohlenweide-rastatt.de, Mo–So 11–24 Uhr
Baden: Cuppamare – Das Familienbad, Badstraße 4, 76456 Kuppenheim, Tel. 07222/774 14 80, www.cuppamare.de, Di–Fr 9–20 Uhr, Sa–So 9–19 Uhr, Erwachsene 4,50 €, Kinder ab 4 Jahre 3 €; NATURA, Familienfreibad Rastatt, Jahnallee 17, 76437 Rastatt, Tel. 07222/773-666, Mo–Fr 9–20 Uhr, Sa–So 8–20 Uhr, Erwachsene 3,50 €, Kinder ab 6 Jahre 1,80 €

Das Barockschlösschen Favorite ist ein beliebtes Familien-Ausflugsziel.

Brücke und biegen gleich hinter der Brücke links in die Jahnallee. Nach 300 Metern sehen wir linker Hand das STÄDTISCHE FREIBAD und rechter Hand den Gewerbekanal. Zunächst geht es idyllisch am Kanal entlang bis Kuppenheim. Wir radeln am Sportplatz und an Kleingartenanlagen vorbei, immer weiter in Richtung Barockschlösschen Favorite. Nachdem wir bei Niederbühl die Baulandstraße gequert haben, sehen wir rechts das E-Werk und eine Fischtreppe. Wenig später unterqueren wir die A 5 und fahren auf einem Damm zwischen zwei Kanälen. Über eine kleine Brücke geht es die Bannstraße entlang. Bei der blauen Brücke geht es abermals über den Gewerbekanal und wir kommen an die Friedrichsstraße, hier müssen wir uns rechts halten. Der Weg zum Schloss

Diese Tierchen fühlen sich auch hier im Schlosspark sichtlich wohl.

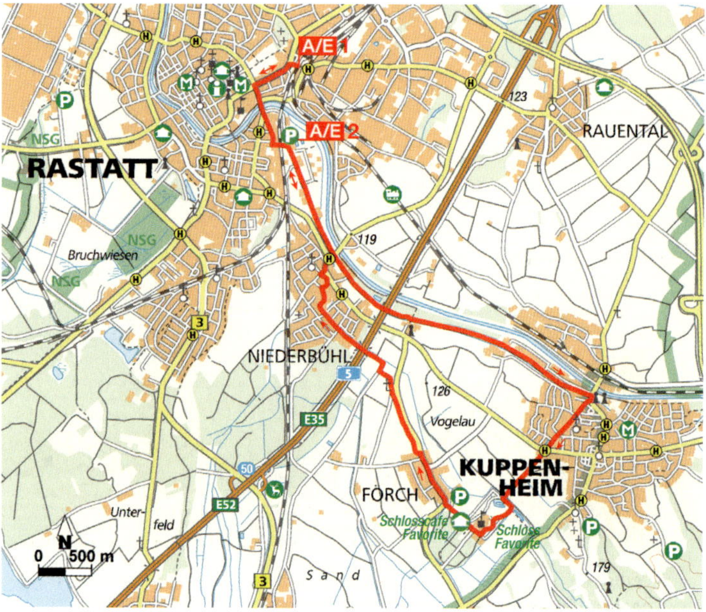

Favorite ist weiter gut ausgeschildert. Das Schloss, einst Sommerresidenz der Markgräfin Augusta Sybilla von Baden, bietet ERLEBNISREICHE FÜHRUNGEN speziell für Familien an und lohnt auf jeden Fall einen Besuch. Beachten Sie unbedingt die Termine für die Sonder- und Familienführungen. Hier wird den Kindern anschaulich und auf unterhaltsame Weise das Leben in jener Zeit näher gebracht. Das Schlosscafé ist für Liebhaber der SÜSSEN VERSUCHUNGEN ein absolutes Muss, der Kuchen dort sensationell! Zurück geht es durch Felder und Streuobstwiesen über Niederbühl zurück zum Ausgangspunkt. Zunächst radeln wir Richtung Förch und weiter der Beschilderung folgend nach Niederbühl. Hinter Förch müssen wir darauf achten, dass wir links der Straße fahren, um auf dem Fahrradweg zu bleiben. In Rastatt können wir das RESIDENZSCHLOSS besuchen: Hier befindet sich auch das Wehrgeschichtliche Museum und das Freiheitsmuseum, das die Freiheitsbewegungen in der deutschen Geschichte zum Thema hat. Die Fahrradtour kann man übrigens auch wunderbar mit einem Besuch des CUPPAMARE, dem Erlebnisbad in Kuppenheim, kombinieren.

Das ehemalige Residenzschloss Rastatt stammt aus dem 17. Jahrhundert und kann besichtigt werden.

5   Michelbach

Fachwerkdorf mit Geschichte

Dieser Halbtagesausflug ist besonders im Frühjahr sehr reizvoll, wenn im Wald tausende von Buschwindröschen blühen. Nicht weit von Michelbach befindet sich außerdem das Islandpferdegestüt Mönchhof, Moosbronn, wo Ausritte und Reitkurse angeboten werden.

Das schöne Fachwerkdorf Michelbach liegt unweit der Unimog-Stadt Gaggenau und kann auf eine lange Siedlungsgeschichte zurückblicken. Bereits im 11. Jahrhundert wurde auf dem Schlossberg zu Verteidigungszwecken eine Burg erbaut, die allerdings leider nicht erhalten ist. Der DORFLEHR-PFAD ist 1,5 km lang und führt von der Dreschhalle zur FREIZEITAN-LAGE GUMPE. Diese kann gegen geringe Gebühr von Gruppen gemietet

Ausgangs-/Endpunkt: Lindenplatz, bei der Dorfkirche in Michelbach (GPS-Koordinaten: 48.818446, 8.350699)

Anfahrt: A 5, Ausfahrt Rastatt Nord, weiter auf B 462 bis Gaggenau Nord, dann Richtung Michelbach/Moosbronn abbiegen; ÖPNV: ab Gaggenau mit Buslinie 253

Weglänge: Dorflehrpfad 1,5 km; Michelbacher Rundweg 15 km, 500 Hm, Abkürzungsmöglichkeiten

Sehenswert: Heimatmuseum, Otto-Hirth-Straße 6, 76571 Gaggenau-Michelbach, offen am 1. So des Monats 13–17 Uhr, Eintritt gegen Spende. **Unimog Museum Gaggenau,** An der B 462, Ausfahrt Schloss Rotenfels, 76571 Gaggenau, Tel. 07225/981 31-0, www.unimog-museum.com, Di–So 10–17 Uhr, Familienkarte 11,90 €

Einkehr: Flammaurant Zur Traube, Lindenstraße 10, 76571 Gaggenau/Michelbach, Mo–Sa ab 17 Uhr, So ab 12 Uhr, Reservation obligatorisch, Hotel Restaurant Mönchhof, Mönchskopfweg 2, 76571 Gaggenau-Moosbronn, gut bürgerlich, direkt am Reiterhof, Restaurant Waldseebad, Waldstraße 70, 76571 Gaggenau, Tel. 07225/2206, www.waldseebad-restaurant.de, Mo–Fr 11–14 Uhr, Sa–So durchgehend, italienische Küche.

Baden: Rotherma, Bad Rotenfels, Badstraße 9, 76571 Gaggenau, Tel. 07225/97 88-0, www.rotherma.de, Mo–So 9–20 Uhr, Eintritt Erwachsene 12 €/4 h, Kinder ab 3 Jahre 8,80 €, Achtung: Kinder unter 3 Jahre haben keinen Zutritt.

Das hübsche Fachwerkdorf Michelbach gehört zu Gaggenau und kann auf dem Dorflehrpfad erkundet werden.

werden. Es geht am Michelbach entlang durch das Dorf und an beeindruckenden Fachwerkhäuser vorbei, die zumeist im 18. und 19. Jahrhundert erbaut wurden. Auf 22 Infotafeln erfahren Sie Interessantes zur Geschichte des Dorfes Michelbach sowie zur vielfältigen Natur der Umgebung. Auch der MICHELBACHER RUNDWEG lohnt sich. Hier erfährt man auf 15 km allerlei über die Dorfgeschichte, den Wald und die Besonderheiten rings um Michelbach. Es gibt über 30 Infotafeln abzuwandern; man kann allerdings auch immer wieder abkürzen. Der Weg führt durch die sieben Seitentäler Michelbachs, teils durch den Wald, teils durch STREUOBSTWIESEN, deshalb ist diese Wanderung besonders im Frühjahr sehr schön. Der Michelbacher Rundweg beginnt auf dem Lindenplatz an der Dorfkirche. Eine Übersichtskarte können Sie sich kostenlos unter www.tourismus-bw. de Stichwort »Michelbach« herunterladen.

6 Gernsbacher Sagenweg

Die Geschichtenwelt des Murgtals

Viele Sagen ranken sich um die geheimnisvollen Orte im dunklen Wald. Ein Besuch hier im Murgtal inspirierte beispielsweise Wilhelm Hauff zu seinem berühmten Märchen »Das kalte Herz«. Auf dem Gernsbacher Sagenweg tauchen Sie ein in die Welt uralter Geschichten, die niemanden kalt lassen.

INFO

Unter www.sagenweg.de finden Sie zur besseren Orientierung eine kleine Übersichtskarte und alle Sagen der einzelnen Stationen zum Nachlesen.

Wer mit der Bahn gekommen ist, beginnt die Wanderung an der Haltestelle Gernsbach/Mitte. Wir gehen durch den Kurpark, über die Ebersteinbrücke und dann links die Klingelstraße entlang, bis wir linker Hand zur Kapelle kommen. Vom »Klingele«, wie die Kapelle hier auch genannt wird, geht es erst einmal rechts hoch in den Wald, auf schmalem Pfad immer der Wegmarkierung, einem KLEINEN TEUFELCHEN, nach. Der Weg ist am Anfang ziemlich steil. Halten Sie durch! Oben vom Schloss Eberstein hat man eine HERRLICHE AUSSICHT über das Tal und die Weinberge, die Vesper-

Ausgangs-/Edpunkt: Klingelkapelle, Klingelstraße 14, 76593 Gernsbach (GPS-Koordinaten: 48.755765, 8.340084)
Anfahrt: A 5, Ausfahrt Rastatt Nord, weiter auf der B 462 Richtung Gaggenau/Gernsbach, Parkplätze am Kurpark/Igelbachstraße oder am Bahnhof; ÖPNV: S 8/S 81 bis Gernsbach-Mitte
Weglänge: 5,5 km, 200 Hm
Sehenswert: Neben den fünf Stationen des Sagenwegs, ist auch die kleine, aber feine mittelalterliche Altstadt Gernsbachs unbedingt sehenswert.
Einkehr: Schloss Eberstein: Neben dem Gourmetrestaurant gibt es auch die Schlossschänke mit Aussichtsterrasse und Vesperkarte, Mittagstisch, Mo–So 12–24 Uhr; Gernsbach: mehrere Restaurants mit internationaler Küche.
Baden: Igelbachbad, solarbeheiztes Freibad, Hildastraße 5, 76593 Gernsbach, Tel. 07224/65 53 15, Mo–So 10–19.30 Uhr, Erwachsene 4 €, Kinder ab 6 Jahre 2 €

stube sorgt für neue Energie – das motiviert. Der Weg ist sehr gut ausgeschildert, nur weiter ab der Ebersteinburg mussten wir ein bisschen suchen, da die Wegmarkierung an einem efeubewachsenem Baum schlecht zu sehen war. Umso besser konnten wir uns vorstellen, dass die Landschaft hier rund um Gernsbach, mit der BURG, den Felsen, dem DICKICHT und den steilen Hängen Inspiration für viele Sagen und Märchen bot.

Zurück in Gernsbach bummeln Sie durch die malerische Altstadt. Tauchen Sie ein in die bewegte Geschichte des Ortes:

Unbedingt sehenswert: Gernsbachs malerische Altstadt!

Gernsbach ist das historische Zentrum im Murgtal. Die Stadt wurde von den Grafen von Eberstein gegründet und als »Genresbach« 1219 urkundlich erwähnt. Ziel der Ebersteiner war es, die Besiedlung des Tals voranzutreiben und ihre Macht und ihren Einfluss weiter auszubauen. Im 15. und 16. Jahrhundert erlebte Gernsbach seine wirtschaftliche Blüte. Der Holzhandel brachte einigen Familien Wohlstand und Reichtum, WUNDERSCHÖNE, REICH VERZIERTE HÄUSER wurden gebaut, die dies auch nach außen hin zeigen sollten. Einige dieser Gebäude sind noch erhalten und liebevoll restauriert. Die bekannteste und einflussreichste Familie war die Familie Katz, die zunächst Flößerei und Holzhandel betrieb und heute erfolgreich in der Papierherstellung tätig ist.

An die glorreiche Ära dieser Holzhandelsdynastie erinnert der Katz'sche Garten in Gernsbach, der von April bis Oktober von 10–18 Uhr frei zugänglich ist.

HEY KIDS, jedes Jahr vor Ostern findet in Gernsbach die Puppentheaterwoche statt. Puppenspieler aus ganz Europa kommen, um hier ihr Können zu zeigen.

7 Murgtal zwischen Raumünzach und Forbach

Der perfekte Sommerausflug

Einen unvergesslichen Ausflug bietet die Murg bei Forbach – perfekt für heiße Sommertage. Bewundern Sie in Forbach die historische Holzbrücke, spazieren Sie zu den Stränden am Flüsschen Murg und sagen Sie neugierigen Ziegen hallo – einfach fabelhaft!

Vom Bahnhof Forbach folgen Sie 2 km der Beschilderung Richtung Sasbach, blaue Raute. Ein kurzer Abstecher nach Forbach zum Murgtalgarten, einem tollen WASSERSPIELPLATZ, und zur historischen HOLZBRÜCKE lohnt ebenfalls. Sie gehen durch den Wald und kommen nach 2 km auf den Murgtalradweg. Weiter geht's zum alten Forsthaus. Vor und hinter diesem geht ein Pfad hinunter zur Murg und zu schönen STRÄNDEN. Achtung: An heißen Tagen ist hier einiges los! Etwas ganz Besonderes sind die großen, glatt gewaschenen Steine, die zum HERUMKLETTERN einladen. So manches Kind wird den Bergsteiger in sich entdecken. Es ist anzumerken, dass das Baden und Flussbettwandern in der Murg von der Gemeinde nicht offiziell erlaubt ist, aber geduldet wird. Man sollte sich auf jeden Fall bewusst sein, dass es sich hier um eine einmalige Landschaft han-

Ausgangs-/Endpunkt: Wanderparkplatz am Bahnhof Forbach (GPS-Koordinaten: 48.679872, 8.361360)
Anfahrt: A 5, Ausfahrt Rastatt Nord, weiter auf der B 462 nach Forbach; ÖPNV: ab Karlsruhe und Rastatt mit der S 8/S 81 bis Forbach
Weglänge: zu den Stränden 4 km, keine nennenswerte Steigung (einfache Strecke); Ziegenpfad/Glückspfad 5 km, 140 Hm
Sehenswert: Historische Holzbrücke in Forbach; Themenwege Ziegenpfad und Glücksweg
Einkehr: Gasthaus Adler, Hauptstraße 28, 76596 Forbach, Tel. 07228/23 34, Di–So 10–13.30 und 16–20 Uhr
Baden: Montana Badezentrum, Freibad, an der B 462, nördlich von Gausbach, Murgtalstraße 1a, 76596 Forbach, Tel. 07228/24 02; Mo–So 10–20 Uhr, Familienkarte 5 €

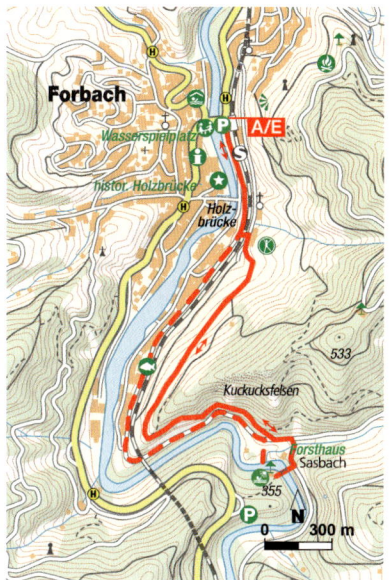

Ein Sommertag an der Murg

dacht und Sorgsamkeit genossen werden will. Es besteht auch die Möglichkeit, eine geführte Tour zu buchen. So bietet Murgtal Arena FLUSSBETT-WANDERN mit Abenteuerfaktor. Zurück nach Forbach geht's bequem auf dem Radweg.

In Forbach beginnt auch der Ziegenpfad, der hinauf nach Bermersbach und zu den MYSTISCHEN GIERSTEINEN führt. Die kleine Wanderung ist für Kinder wirklich toll. Man durchwandert auf schmalem Pfad Ziegenweiden und kann vielleicht die ein oder andere SYMPATHISCHE ZIEGE persönlich kennen lernen. Bei den Giersteinen gibt es einen großen SPIELPLATZ und tolle Aussicht auf das Murgtal – der ideale Picknickplatz. In Bermersbach beginnt der Glücksweg, den man gut mit dem Ziegenpfad kombinieren kann.

HEY KIDS,
fahrt mit dem historischen DAMPFZUG! Da wird schon die Anfahrt zu einem echt spannenden Erlebnis. Infos und Termine unter www.murgtal-dampfzug.de.

35

8 Schwarzenbachtalsperre

Entspannter Tag am Schwarzwald-Stausee

Die Schwarzenbachtalsperre ist der größte Stausee im Nordschwarzwald. Wie wär's mit einer kleine Wanderung rund um den See? Oder wollen Sie den See per Boot erkunden? Idyllisch ist auch der kleine Herrenwieser See, ein geheimnisvoller Karsee aus der Eiszeit!

Die Schwarzenbachtalsperre ist mit ihren 2,5 km Länge der größte STAU-SEE im Nordschwarzwald und wurde zur Stromgewinnung angelegt. Der Stausee liegt zwischen der berühmten Schwarzwaldhochstraße und dem Murgtal auf ca. 670 m Höhe. Im Sommer ist der See bei Ausflüglern und Motorradfahrern sehr beliebt. Sie können ihren Ausflug ganz nach Belieben gestalten: um den See spazieren, über den See rudern oder einfach am Wasser entspannen.

Die Staumauer selbst ist ein beeindruckendes Bauwerk der 1920er-Jahre und kann überquert werden. Diese außerordentliche Bauleistung ist auf den Tafeln entlang des Rundwegs (6,5 km) dokumentiert. Es geht zunächst am Ufer entlang, wo zahlreiche kleine Strände zu einem Bad einladen, dann

Ausgangs-/Endpunkt: Schwarzenbachtalsperre, Forbach (GPS-Koordinaten: 48.654970, 8.330782)
Anfahrt: Von der B 642 bei Raumünzach Richtung Schwarzenbachtalsperre auf die L 83 abbiegen oder über die B 500 von Baden-Baden/Freudenstadt, Abzweigung Sand; ÖPNV: S 8/S 81 bis Forbach, dann weiter mit Buslinie 263
Weglänge: Rundweg 6,5 km, Stausee–Herrenwieser See 12,5 km (einfache Strecke), Herrenwies–Herrenwieser See 3 km (einfache Strecke)
Zum Erleben: Bootsverleih, Am Schwarzenbach, 76596 Forbach, Tel. 07228/3260, Mai–Okt 12–19 Uhr
Sehenswert: Historische Holzbrücke Forbach
Einkehr: Am Stausee, direkt an der Staumauer, gibt es einen Kiosk.

auf der südlichen Seite durch den Wald zurück. BADEN geschieht hier auf eigene Verantwortung. Das Wasser ist meist recht kalt, weil der See immer von frischem Quellwasser gespeist wird. Man kann auch TRETBOOTE

Baden ist auf eigene Verantwortung erlaubt.

oder kleine Elektromotorboote mieten und so den See erkunden. Drei kleine Kioske bieten Speisen und Getränke.

Von der Schwarzenbachtalsperre kann man auch sehr schön zum ruhigen, IDYLLISCHEN HERRENWIESER SEE wandern. Der See entstand zur Eiszeit und ist ein empfindliches Naturschutzgebiet. Ausgangspunkt hierfür ist der Parkplatz bei der Staumauer, wo sich auch eine Übersichtskarte befindet. Der Weg ist gut beschildert und 12,5 km lang (einfache Strecke) – und somit nur mit älteren und wanderfreudigen Kindern zu machen! Kürzer – etwa 3 km einfache Strecke – ist der Weg zum Herrenwieser See, wenn Sie direkt in Herrenwies starten. Sie können den Ausflug zur Schwarzenbachtalsperre auch wunderbar mit dem WASSERSPIELPLATZ im Murgtalgarten in Forbach kombinieren. Auch das FREIZEITZENTRUM MEHLISKOPF ist nicht weit.

9 Luchspfad und Wildnispfad

Für alle kleinen Entdecker und Abenteurer!

Eine entpannte kleine Wanderung durch spannendes Gelände, die auch kleine Wandermuffel anspricht. Den Themenweg können Sie gut mit einem Besuch der Bäderstadt Baden-Baden kombinieren. Wer's abenteuerlicher mag, begleitet die Ranger des Nationalparks auf einer geführten Tour.

Auf geht's zu neuen Abenteuern!

Auf dem Wildnispfad geht es über Stock und Stein oder besser gesagt über BAUMSTÄMME. Nachdem der Orkan Lothar 1999 im Schwarzwald große Schäden angerichtet hatte und die Landschaft nachhaltig veränderte, wurde der Wald hier zunächst weitgehend sich selbst überlassen. 2006 wurde dann der Wildnispfad eingeweiht, der den Besuchern Wald und Naturgewalten näher bringen soll. An sonnigen Wochenenden ist

Ausgangs-/Endpunkt: Wanderparkplatz beim Hotel Plättig an der Schwarzwaldhochstraße (GPS-Koordinaten: 48.669800, 8.231394)
Anfahrt: Über die B 500; ÖPNV: Buslinie 245 von Baden-Baden Hauptbahnhof/Innenstadt
Weglänge: Wildnispfad 4,5 km, Luchspfad 4 km
Tourencharakter: Die Themenwege können nur bei gutem und trockenem Wetter begangen werden.
Zum Erleben: Führungen: Informationen bei Nationalpark Schwarzwald, Schwarzwaldhochstraße 2, 77889 Seebach, Tel. 07449/92 99 84 44
Einkehr: Waldschänke, Gasthaus am Schwanenwasen, Hirschbachstraße 49, 77830 Bühlertal, Tel. 07226/205, Mi–So 11–19 Uhr, das Gasthaus liegt an der B 500, etwa 2 km vom Plättig Richtung Baden-Baden

Kletterspaß am Wildnispfad – tolles Ausflugsziel an der Schwarzwaldhochstraße.

hier meist reger Wanderbetrieb. Da empfiehlt sich ein Besuch unter der Woche, wenn es sich einrichten lässt. Der Luchspfad ist mit dem Wildnispfad kombinierbar oder vielleicht auch ein Grund zum Wiederkommen. An 20 interaktiven Stationen können die Kinder ihre »Luchsqualitäten« testen. Wie gut können Sie LAUSCHEN, SCHLEICHEN, BALANCIEREN? Außerdem gibt es allerlei Wissenswertes um die größte heimische Raubkatze. Da kommt bestimmt keine Langeweile auf! Neben diesen beiden Themenwegen lohnt sich auch der Lotharpfad, der ebenfalls an der B 500 weiter in Richtung Freudenstadt liegt.

10 Gertelbachfälle

Felsen, Wildbach, Wasserfälle

Der große Rundweg ist zwar anstrengend, aber sehr abwechslungs-reich und mit toller Einkehrmöglichkeit. Als leichtere Variante kann man einfach ein Stück am wilden Gertelbach entlanggehen und über Brücken, Stege und Treppen kraxeln.

Der Rundweg eignet sich mit seinen 9 km eher für sportliche Familien mit älteren Kindern, gehört aber zu den schönsten Wanderungen im Bühler-

So macht wandern Spaß!

tal. Am Parkplatz befindet sich eine Übersichtskarte; außerdem ist der gesamte Weg unterwegs gut ausge-schildert. Bei der leichteren Variante gehen wir am Gertelbach entlang talabwärts und die gleiche Strecke wieder zurück zum Ausgangs-punkt. Dies sollten Sie keinesfalls als Manko sehen. Sie werden überrascht sein, welch unter-schiedliche Eindrücke Sie durch unterschiedliche Perspektiven bekommen. Gerade für jüngere

Ausgangs-/Endpunkt: Wanderparkplatz Wiedefelsen an der L 83 (GPS-Koordinaten: 48.660294, 8.220186)
Anfahrt: B 500 bis Sand, dann rechts Richtung Bühlertal bis Parkplatz Wiedefelsen, oder A 5 Ausfahrt Bühl, von Bühl auf der L 84 Richtung Sand bis Parkplatz Wiede-felsen; ÖPNV: ab Bühl Hauptbahnhof mit der Buslinie 263 bis Haltestelle Wiedefelsen
Weglänge: Rundwanderweg 9 km, 450 Hm; kurze Variante 2 km (einfache Strecke)
Ausrüstung: feste Schuhe
Einkehr: Waldgasthaus Kohlbergwiese, Kohlbergstraße 4, 77815 Bühl/Sand, Tel. 07226/250, www.waldgasthaus-kohlbergwiese.de, Mi–So 11.30–19 Uhr, großer Spielplatz; Panorama Kiosk am Wiedefelsen, keine festen Öffnungszeiten

Kinder ist diese Variante spannend und vor allem anstrengend genug. Man sollte auf jeden Fall nur bei trockener Witterung wandern, da die Steine und Holzbrücken sonst glitschig sein könnten. Feste Schuhe sind absolut empfehlenswert.

Beide Wege starten am Parkplatz Wiedenfelsen, Nähe Hotel Wiedenfelsen, und folgen der Beschilderung, zunächst auf einem breiten Forstweg, dann rechts einen schmalen Pfad hinunter. Wir kreuzen einen weiteren Forstweg

Schluchtenwanderung: nur bei gutem Wetter! Festes Schuhwerk ein Muss!

und kommen zu einer Bank. Hier geht es rechts den Steinweg hinunter, später auf Steintreppen talabwärts. Wir durchwandern den schönsten Teil der Schlucht und kommen zur Gertelbachhütte. Von hier haben wir einen herrlichen Blick auf die oberen Gertelbachfälle. Weiter geht es den Weg entlang über große und kleine Steine, ein Paradies für kleine Kletterer. RIE-SIGE MOOSBEWACHSENE GRANITSTEINE, Löcher und Spalten, der wild RAUSCHENDE BACH und Flechten, die von den Bäumen hängen, schaffen eine einmalige, zauberhafte Atmosphäre. Eine Besonderheit sind die Blocksteine, die hier in der Gegend zum typischen Landschaftsbild gehören. Es handelt sich um eine Verwitterungsform des Granitsteins. Sie sind Naturdenkmal. Wir kommen zum Dreimärkerstein. Hier treffen drei Markungsgrenzen aufeinander: die von Bühl, Bühlertal und Altschweier. Vorbei am ROSSGUMPEN geht es mal rechts, mal links am Bach entlang zum Haus Gertelbach, einem ehemaligen Kurgasthaus. Hier endet die Gertelbachschlucht – Zeit für eine kleine Pause und zum Kräfte sammeln für den Aufstieg. Wieder oben angekommen, gehen Sie unbedingt noch das kurze Stück auf den WIEDENFELSEN hinauf! Der Fels und die Aussicht sind wirklich einmalig.

Für den Rundweg gehen Sie nach dem Haus Gertelbach am Ende der Schlucht links weiter und folgen der Beschilderung Richtung Kohlbergwiese. Der Weg führt zunächst am Wiedebach entlang, dann rechts in die Gertelbachstraße. Wir queren die L 83 und gehen bergauf auf einem schönen Waldweg bis zum Gasthaus mit leckerem Essen und einem TOLLEN SPIELPLATZ. Anschließend geht es zurück zum Ausgangspunkt. Nach der Kohlbergwiese lohnt sich ein Abstecher zur Hertahütte (400m): eine einmalig SCHÖNE AUSSICHT auf das Bühlertal!

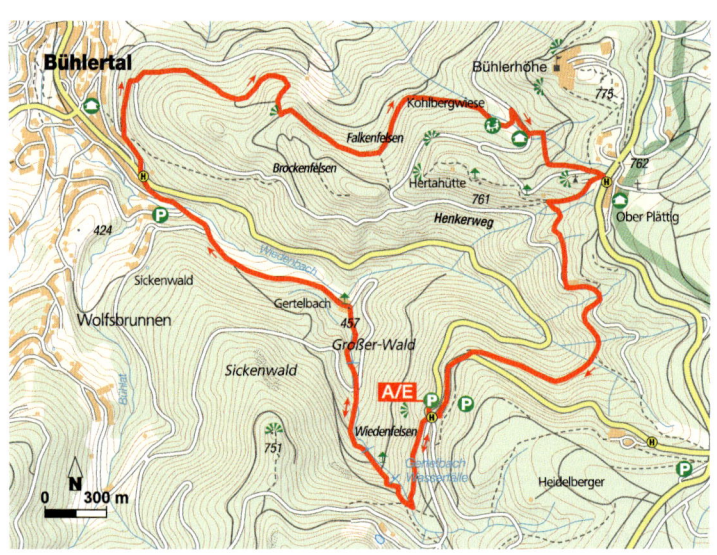

An der Gertelbachhütte

11 Mummelsee und Hornisgrinde

Vom dunklen See zum höchsten Gipfel des Nordschwarzwalds

Der Mummelsee ist eines der bekanntesten und beliebtesten Ausflugsziele im Nordschwarzwald. Man kann den See auf einem kleinen Themenweg umrunden, Boot fahren, zur Hornisgrinde hinauf wandern und anschließend im Gasthaus direkt am See Schwarzwaldleckereien genießen.

Manchmal trifft man den König der WASSERGEISTER höchstpersönlich am See und wer weiß, ob vielleicht nicht auch NIXEN oder andere Fabelwesen in dem schwarzen Wasser des Sees wohnen. Der sagenumwobene Mummelsee ist tatsächlich außergewöhnlich. Der Name Mummelsee leitet sich vermutlich von den Seerosen ab, die dort einst zu finden waren. Durch seine Lage direkt an der Schwarzwaldhochstraße ist der Karsee, insbesondere im Sommer, ein gern besuchtes Ausflugsziel. Aber nicht nur der See ist sehens- und besuchenswert. Schönste Schwarzwaldeindrücke erwarten den Wande-

> ## KUCHENGENUSS MIT AUSSICHT
> Das Berghotel Mummelsee ist bekannt für sein Schwarzwälder Torte. Dazu eine Tasse Kaffee– herrlich!

Ausgangs-/Endpunkt: Parkplatz am Berghotel Mummelsee, Schwarzwaldhochstraße 11, 77889 Seebach/Mummelsee (GPS-Koordinaten: 48.597220, 8.202783)
Anfahrt: B 500; ÖPNV: 1. Mai–1. Nov Panorama Bus 7123 und Naturerlebnis-Buslinie 7125, Fahrplan aktuell unter www.ortenaulinie.de, Stichwort »Freizeitbusverkehr«
Weglänge: Berghotel–Hornisgrinde–Grindenpfad–Berghotel 7 km. Man kann auch mit dem Bus bis zum Aussichtsturm auf der Hornisgrinde fahren, dann Grindenpfad 3 km.
Zum Erleben: Holzofenbrot backen für Kinder, Mai–Okt um 16 Uhr, nur bei schönem Wetter, Anmeldung erforderlich unter Tel. 07842/992 86; Bootsverleih im Sommer bei gutem Wetter tägl. 10–18 Uhr
Einkehr: Gastronomie am Berghotel Mummelsee, tägl. 11.30–21 Uhr

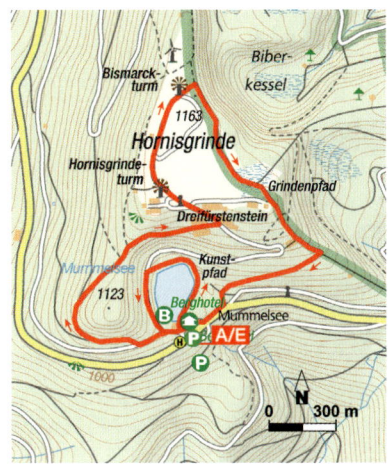

Rund um den Mummelsee gibt es tolle Wandermöglichkeiten.

rer auf gut ausgeschilderten Rundwegen. Bis auf die Hornisgrinde, den HÖCHSTEN BERG im Nordschwarzwald, sind es keine zwei Kilometer. Hier wurde speziell für Kinder ein Themenweg angelegt, der durch die Landschaft der Grinde und des HOCHMOORS führt. An den 12 Stationen des Grindenpfads gibt es kleine Rätsel und Spiele zu den Themen Hochmoor, Klima und Tiere. Die Strecke führt auf etwa 3 km über die Hornisgrinde, am kleinen Aussichtsturm vorbei, auf einem Bohlenweg durch das Hochmoor und eröffnet immer wieder eine herrliche Aussicht auf den umliegenden Schwarzwald und die Rheinebene. Eine noch bessere Aussicht hat man vom BISMARCKTURM. Man kann die Sache natürlich aber auch eher gemütlich angehen. Um den Mummelsee herum führt ein vor wenigen Jahren angelegter Kunstpfad, beim Berghotel, im Souvenirladen kann man TRETBOOTE mieten. Für Kinder gibt es am See einen netten SPIELPLATZ und ein ZIEGENGEHEGE. Samstags können die Kinder ihr eigenes HOLZOFENBROT backen.

HEY KIDS, unter www.mummelsee.de/ erlebnis/kids findet ihr MALVORLAGEN und spannende Geschichten rund um den Mummelsee.

12 Karlsruher Grat

Klettersteigerlebnis: Adrenalin pur

Der Kalrsruher Grat bietet ein großartiges, echtes Kletterabenteuer. Die Tour ist ganz schön anstrengend und nur für Schwindelfreie. Eltern brauchen hier besonders gute Nerven. Die Landschaft ist etwas vom Schönsten, was der Schwarzwald zu bieten hat.

Der Karlsruher Grat ist ein echtes Highlight – landschaftlich wunderschön, erlebnisreich, spannend und eben abenteuerlich. Wo sonst im Schwarzwald gibt es 400 m ECHTES KLETTERERLEBNIS? Man benötigt hier keine Kletterausrüstung, aber unbedingt gute Nerven sowie Schwindelfreiheit und Trittsicherheit. Ohne festes Schuhwerk und bei Nässe ist der Karlsruher Grat tabu!

In Ottenhöfen gleich am Bahnhof befindet sich die Touristeninformation. Hier können Sie sich noch ein Faltblatt und eine kleine Übersichtskarte zum Karlsruher Grat besorgen. Wir beginnen die Tour am Wanderparkplatz hinter dem Kieswerk und nicht am Rathaus. Der Parkplatz ist nicht besonders groß, deshalb empfiehlt es sich, möglichst früh da zu sein. Auf Treppen und

Ausgangs-/Endpunkt: Wanderparkplatz Edelfrauengrabwasserfälle am Kieswerk (GPS-Koordinaten: 48.558678, 8.169749)
Anfahrt: A 5 Ausfahrt Achern/Kappelrodeck Richtung Ottenhöfen, in Ottenhöfen bis Hotel Sternen, dort rechts der Beschilderung Edelfrauengrabwasserfälle folgen; ÖPNV: ab Offenburg mit Ortenau-S-Bahn bis Ottenhöfen
Weglänge: Karlsruher Grat 10 km, 400 Hm; Wasserfälle Allerheiligen 4 km
Tourencharakter: Nur für größere, schwindelfreie und absolut trittsichere Kinder geeignet (Absturzgefahr!); unbedingt nur bei trockener Witterung begehen, da die Felsen am Karlsruher Grat bei Nässe sehr rutschig und gefährlich werden; gutes festes Schuhwerk; Klettersteigausrüstung ist nicht erforderlich
Einkehr: Berggasthof Kernhof, Bosenstein 3, 77889 Seebach, Tel. 07842/3692, tägl. ab 10 Uhr, Di Ruhetag; Hotel Restaurant Sternen, Hagenbruck 6, 77833 Ottenhöfen, Tel. 07842/9496-0, Di–So ab 11.30 Uhr ; Gasthaus Klosterhof Allerheiligen, Allerheiligen 6, 77728 Oppenau-Lierbach, tägl. 10–18.30 Uhr
Baden: Naturerlebnisbad Ottenhöfen, Hasenwald 6/1, 77883 Ottenhöfen, Tel. 07842/14 99, kleines Freibad mit Rutsche, Erwachsene 3 €, Kinder ab 6 Jahre 2 €

Ganz schön anstrengend, aber supertoll: diese Wanderung im Bühlertal

Stegen geht es immer bergauf an den EDELFRAUENGRABWASSER-FÄLLEN entlang. Kurz nach den Wasserfällen kommen wir an eine Kreuzung, hier links der gelben Raute Richtung Karlsruher Grat folgen. Jetzt geht es abermals steil den Berg hinauf bis zum Schnapsbrunnen. Hier kann man kühle Getränke – Wasser, Limonade und, wie der Name schon sagt, auch Schnaps – gegen Entgelt entnehmen. Nach kurzer Pause und Erfrischung geht es weiter bergauf bis zum Herrenschrofen, einem AUSSICHTSFEL-SEN. Hier kann man schon einmal testen, wie es um die Schwindelfreiheit bestellt ist und ob man es als Eltern nervlich verkraftet, wenn die Kinder auf dem Felsen herumklettern. Bevor es zum Karlsruher Grat geht, hat man die Möglichkeit, einen Umgehungsweg zum Bosensteiner Eck zu nehmen. Für die Kraxelei über den Karlsruher Grat selbst gibt es eine spannende und eine etwas gemächlichere Variante. Meistens verläuft im Wald neben den Felsen ein Pfad, auf dem man nicht so sehr klettern muss. Nach knapp 1 km KLET-TERABENTEUER fol-

HEY KIDS, rund ums Jahr gibt's im Achertal tolle MITMACH-AKTIONEN für Kinder, z. B. Brot backen oder übernachten im Heu. Infos unter www.ottenhoefen-tourismus.de »Familienferien«.

gen wir der blauen Raute links bergab Richtung Bosensteiner Eck. Hier hat man die Möglichkeit einzukehren. Weiter geht es durch schönste Schwarzwaldlandschaft, über den Bosenheimer Almenpfad an IDYLLISCHEN WIESEN vorbei und anschließend wieder in den Wald zur Schutzhütte am Brennte Schrofen. Die Hütte ist ein WUNDERBARER RASTPLATZ und vom davor gelegenen Felsen hat man eine herrliche Aussicht auf Ottenhöfen. Wir folgen immer bergab der gelben Raute Richtung Kleineck. Vom

Der Karlsruher Grat ist ein tolles, aber nicht ungefährliches Kletterabenteuer.

Kleineck geht es noch einmal bergauf zum nächsten Aussichtspunkt. Weiter geht es über Wiesenwege und Pfade der gelben Raute folgend nach Bromberg. Hier folgen wir dem Holzschild zurück Richtung Parkplatz Kieswerk.

Wer zwei Tage Zeit hat, fährt tags darauf 10 Autokilometer von Ottenhöfen noch Norden. Hier befinden sich die SAGENUMWOBENEN WASSERFÄLLE Allerheiligen und die gleichnamige, romantisch-düstere KLOSTERRUINE. Hierzu biegen Sie in Ottenhöfen nach dem Kurpark in die Allerheiligen-Straße und fahren bis zum Wanderparkplatz Allerheiligen. Es gibt einen wunderschönen, knapp 4 km langen Wanderweg rund um die Wasserfälle. Der Weg ist bestens ausgeschildert, eine Übersichtskarte befindet sich am Wanderparkplatz. Direkt bei der Klosterruine gibt es ein kinderfreundliches Gasthaus, wo man gut badisch essen kann. Ein Ausflug lohnt sich unbedingt!

BENZMÜHLE

Eine ganz besonders schöne Einkehrmöglichkeit gibt es in der Benzühle, Am Bach 17, 77883 Ottenhöfen im Schwarzwald, tägl. ab 10 Uhr. Informieren Sie sich unter www.benzmuehle.de über die aktuellen Veranstaltungen: Angeboten werden auch Brotbacktage und Mühlenführungen. Am Hof gibt es einen schönen Spielplatz und ein Kleintiergehege.

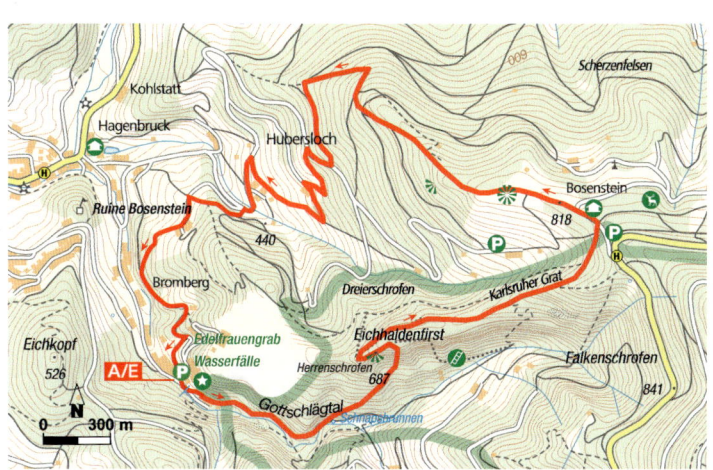

13 Wildes Wolftal

Wolf- und Bärenpark, Wasserfall, Karsee und mehr

Das Wolftal ist ein Seitental des Kinzigtals. Rund um die Gemeinden Wolfach, Oberwolfach und Bad Rippoldsau-Schapbach erleben Sie eine herrlich ursprüngliche Schwarzwaldlandschaft. Auf Wanderungen durch und um das wildromantische Tal erleben sie Wasserfälle, Schaubergwerke und wilde Tiere!

Der BURGBACHWASSERFALL ist einer der höchsten und schönsten in der Region Schwarzwald Mitte/Nord. Sie starten am Wanderparkplatz vor Burgbach an der L 96 zwischen Schapbach und Bad Rippoldsau. Vom Wasserfall aus sind es nur wenige Meter zu den BURGBACHFELSEN. Vom Aussichtspavillion haben Sie einen herrlichen Blick auf das Tal. Sie können einfach einen Spaziergang zum Wasserfall und zu den Felsen machen oder Sie wandern einen der Rundwege, die auf der Infotafel am Wanderparkplatz gut beschrieben sind.

Im Alternativen WOLF- UND BÄRENPARK können Sie die braunen Gesellen ganz aus der Nähe in ihrer natürlichen Umgebung beobachten. Der Park gehört einer Stiftung, die sich dafür einsetzt, dass Bären aus schlechter Haltung befreit werden. Auch für Wölfe und Luchse macht sie sich stark.

Ausgangs-/Endpunkt: Bad Rippoldsau-Schapbach (GPS-Koordinaten: 48.415815, 8.330051)
Anfahrt: Nach Bad Rippoldsau über die B 294 von Offenburg nach Wolfach, dort nach Norden abbiegen, oder auf der L 404 von Freudenstadt; ÖPNV: Bus ab Freudenstadt und Wolfach
Weglänge: Rundweg Burgbachwasserfall 2,5 km, Rundweg Glaswaldsee 1 km (einfache Strecke)
Zum Erleben: Alternativer Wolf- und Bärenpark, Rippoldsauer Straße 36/1, 77776 Bad Rippoldsau, März–Okt tägl. 10–18 Uhr, Nov–Feb tägl. 10–16 Uhr, aktuelle Infos unter www.baer.de; **Mineralienhalde Grube Clara**, 25. März–5. Nov Mo–Sa 9–17 Uhr, in den Sommerferien verlängerte Öffnungszeiten, aktuelle Infos unter www.mineralienhalde.de, Familienticket 24 € inkl. gefundene Schätze; **Wald-Kultur-Haus**, Bad Rippoldsau-Holzwald, tägl. 8–20 Uhr, Infos über aktuelle Veranstaltungen und Angebote für Familien unter www.wald-kultur-haus.de

Gehen Sie unbedingt mit auf eine der Führungen durch den Park. Auf dem Abenteuerspielplatz können sich die Kinder beim Klettern, Springen und Balancieren erproben.

Ein Spaziergang zum romantisch gelegenen Glaswaldsee, einem EISZEITLICHEN KARSEE, lohnt sich ebenfalls. Ausgangspunkt ist der Wanderparkplatz Bad Rippoldsau-Schapbach. Diesen erreichen Sie über die L 96. Bei der Gaststätte Fürstenbergstüble/Voderseebach biegen Sie in die Seewaldstraße und fahren immer die schmale Straße am Seebach entlang bergauf. Ab dem Wanderparkplatz ist es 1 km zum See. Den See können Sie auf einem schmalen, naturbelassenen Pfad umrunden. Im Wald-Kultur-Haus in Bad Rippoldsau/Holzwald erwartet

Sehenswert: der Burgbachwasserfall und die Burgbachfelsen.

Sie eine spannende Ausstellung zu den alten Schwarzwaldberufen. Eines der alten Handwerke, das GLASBLASEN, können Sie auch in der Dorotheenhütte in Wolfach selbst ausprobieren. In Oberwolfach besuchen Sie unbedingt das ehemalige SILBERERZBERGWERK GRUBE WENZEL und das MiMa, das Museum für Mineralien und Mathematik. Ein ganz besonderes Abenteuer erwartet die Kinder an der Mineralienhalde GRUBE CLARA. Hier können Sie, ausgestattet mit Hammer und Schutzbrille, nach WERTVOLLEN MINERALIEN suchen. Das ist nicht nur für die Kinder ungemein spannend. Die wertvollen Fundstücke können Sie natürlich mit nach Hause nehmen. Die Mineralienhalde Grube Clara befindet sich zwischen Kirnbach und Wolfach. Der Anfahrtsweg ist sowohl von Wolfach als auch von Gutach aus gut ausgeschildert. Folgen Sie den braunen Hinweisschildern.

14 Freudenstadt

Weitläufiger Marktplatz und tolles Panoramabad

Ein riesiger Platz mit Wasserspielen zum Toben, daneben Eisdielen zum Genießen, vielleicht eine historische Stadtführung für die Wissbegierigen und zum Abschluss ab ins Panoramabad zum Plantschen – so sieht ein gelungener Urlaubstag aus.

Am spannendsten sind oft gerade die kleinen Dinge.

Freudenstadt ist der Endpunkt der Schwarzwaldhochstraße und wurde im Jahr 1599 von Friedrich I. von Württemberg gegründet. Maßgeblich für die Stadtentwicklung war der Bergbau. Im Zweiten Weltkrieg wurde die Stadt, nur wenige Wochen vor Kriegsende, stark bombardiert und großflächig zerstört. Aber bereits in den 1950er-Jahren war die Stadt wieder aufgebaut, vor allem das charakteristische Arkaden-Geviert erstrahlte in neuem Glanz – man spricht von

Ausgangs-/Endpunkt: Freudenstadt Marktplatz (GPS-Koordinaten: 48.464482, 8.410939)
Anfahrt: B 462 oder B 294 aus Norden, B 28 aus Ost und West, B 294 aus Süden, Tiefgarage unter dem Marktplatz; ÖPNV: Mit S 81 aus Richtung Karlsruhe/Rastatt oder mit RE und S 81 von Stuttgart/Böblingen über Eutingen, jeweils bis Freudenstadt Stadtbahnhof
Sehenswert: Museum im Stadthaus, mitten auf dem Markplatz, Di–So 10–17 Uhr, Eintritt frei; Experimenta Freudenstadt, Musbacher Straße 5, 72250 Freudenstadt, in der Saison 10–18 Uhr, im Winter eingeschränkte Öffnungszeiten, bitte schauen Sie aktuell unter www.experimenta-freudenstadt.de.
Baden: Panoramabad, Ludwig-Jahn-Straße 60, 72250 Freudenstadt, Tel. 07441/921-300, www.panorama-bad.de, Mo–So 9–20 Uhr, Familienkarte 14,10 €, tolles Bad mit Rutschturm

einem **WUNDER** in Freudenstadt. Sie können die Stadt im Rahmen einer Führung erkunden. Die Führungen finden montags und samstags statt; Treffpunkt ist montags um 10.15 Uhr und samstags um 10.30 Uhr an der

Freudenstadt liegt am Ende der berühmten Schwarzwaldhochstraße am Ostrand des Nordschwarzwalds.

Touristeninformation. Für und mit Kindern besonders toll sind das **EXPERIMENTEN-MUSEUM** und das **PANORAMABAD**. Sicher ist: Ein Tag in Freudenstadt lässt auch an einem Schlechtwettertag die Kinderherzen höher schlagen.

HEY KIDS, Lust auf eine **GPS-SCHATZSUCHE** durch Freudenstadt? Meldet euch bei Schwarzwaldguide Margot Laufer, Tel. 07441/86 33 80 (Erwachsene 10 €, Kinder 5 €).

15 Das Albtal hinab

Vom Gebirge in die Ebene

Die Vielfalt des Schwarzwalds in einem Tal: Bewaldete Berghöhen, Kulturschätze, ein lauschiges Flüsschen, Rad-, Wander- und Spielmöglichkeiten in Hülle und Fülle und am Ende gelangt man in eine weite Ebene, in der eine große Stadt mit einem prächtigen Schloss steht!

Top-Wanderungen im Albtal sind der Quellenerlebnispfad im Oberen Albtal, eine Wanderung durchs Große Loch hinauf zur Teufelsmühle (steil!)

Ausgangs-/Endpunkt: Bahnhof Bad Herrenalb (GPS-Koordinaten: 48.801675, 8.439384);

Anfahrt: L 565 aus Ettlingen, L 564 aus dem Murgtal, L 340 aus dem Enztal; ÖPNV: S 1 ab Karlsruhe/Ettlingen

Weglänge: Quellenerlebnispfad 4 km einfach; Klosterpfad 5 km einfach; Radweg Bad Herrenalb–Karlsruhe ca. 30 km, zum Rhein 10 km mehr

Zum Erleben: Simigolf, Einsteinstraße 55, 76275 Ettlingen, www.simigolf.de, Di–Fr 14–19.30, Sa–So 10–20.30 Uhr, Erwachsene und Kinder ab 15 Jahre 9,50 €, Kinder ab 6 Jahre 7,50 €

Sehenswert: Klosterruinen in Bad Herrenalb (frei zugänglich) und Frauenalb; Fahrzeugmuseum, Auto- und Technikmuseum, Neuenbürger Strasse 1, 76359 Marxzell, www.fahrzeugmuseum-marxzell.de, tägl. 14–17 Uhr, Erwachsene 5 €, Schüler 3 €; Schloss Ettlingen, www.ettlingen.de, April–Sept Mi–So 11–18 Uhr, Mai–Aug 13–18 Uhr, Familienkarte 6 €

Einkehr: Landgasthof Zur Spechtschmiede, Steudingerweg 14, 76332 Bad Herrenalb, www.spechtschmiede.de, Mi–Mo 12–20 Uhr; Landgasthof König von Preußen, Klosterstraße 8, 76359 Frauenalb, Tel. 07248/1617, Mo–So 11.30–15 Uhr, 18–21 Uhr

Baden: Siebentäler-Therme, Mineraltherme, Schweizer Wiese 9, 76332 Bad Herrenalb, www.siebentaelertherme.de, Mo 9–19 Uhr, Di–So 9–22 Uhr, Erwachsene 8,50 €/2 h, Kinder ab 3 Jahre 4,50 €, Kinder unter 3 Jahre haben keinen Zutritt; **Waldfreibad**, Bahnhofstraße 12, 76332 Bad Herrenalb, Tel. 07083/9248-40, www.stw-badherrenalb.de, witterungsbedingt tägl. 10–20 Uhr; **Albgaubad Ettlingen**, Luisenstraße 14, 76275 Ettlingen, Di–So 10–19 Uhr, Erwachsene 5 €, Kinder ab 4 Jahre 2,80 €, tolles Hallen- und Freibad mit großer Rutsche; **Badesee Buchtzig**, Am Baggersee 4, Nähe Industriegebiet Ettlingenweier, tägl. 12–19 Uhr, in den Sommerferien verlängerte Öffnungszeiten, Erwachsene 3,50 €, Kinder ab 4 Jahre 2,50 €

oder von der Teufelsmühle zum Naturschutzgebiet Hohlohmoor (tolles Panorama). Für Kinder besonders spannend ist der QUELLENERLEBNISPFAD: Folgen Sie von Bad Herrenalb Bahnhof dem »Quelli-Symbol«, vorbei an Kurpark und Klosterruine, weiter zur Härtwig-Hütte bis zur Plotzsägemühle und zur Spechtschmiede, wo es sich gut rasten und essen lässt. Ebenfalls viel Freude haben Familien auf dem KLOSTER-

Der Quellenerlebnispfad bei Bad Herrenalb macht den Kindern Spaß.

PFAD: Folgen Sie dem »Mönch«-Wanderzeichen von Bad Herrenalb talabwärts bis zum Kloster Frauenalb. Tipp: Am 1. Wochenende im August findet in Herrenalb das Klosterfest statt. Weitere Infos auf www.klosterpfad.de.

Mit dem FAHRRAD kann man von Bad Herrenalb aus eine wunderschöne Tour über Ettlingen, durch Karlsruhe bis hin zum Rhein unternehmen, fast immer auf einem ausgewiesenen Radweg, idyllisch an der Alb entlang mit vielen Spielplätzen, BADEMÖGLICHKEITEN und Sehenswürdigkeiten unterwegs. Das lauschige Ettlingen hat eine schöne Altstadt mit vielen gemütlichen Cafés. Für Kinder interessant ist das Museum im Schloss: Hier werden regelmäßig Malkurse und spannende Workshops für Kinder angeboten. Spaß haben werden die Kleinen auch auf dem WASSERSPIELPLATZ im Horbach Park, in der Parkanlage sowie im 3D-Schwarzlicht-Indoor-MINI-GOLFPLATZ im Industriegebiet. Schön ist auch ein Spaziergang auf dem Robberg. Ein toller Abschluss für heiße Tage ist der BADESEE Buchtzig: Mit Spielplatz, Liegewiese und Kiosk kann man hier locker einen ganzen Tag relaxen.

Wer es bis Karlsruhe schafft, der kann sich auf eine Großstadt mit Charme freuen: Ein schöner Zoo, ein riesiges Schloss, ein tolles Naturkundemuseum und krasse Baustellen machen auch coole Kids heiß auf die badische Metropole.

HEY KIDS,
Technikfans aufgepasst: In Marxzell gibt's ein echt cooles Museum für euch – versprochen!

16 Pforzheim

Wandern im Hagenschieß

Der Hagenschieß ist ein gerne genutztes Naherholungsgebiet. Im Wildpark können die Kinder Tiere sehen und füttern und sich auch auf drei Spielplätzen wunderbar austoben. Ein absolutes Highlight ist hier der Klettergarten – allerdings erst für Kinder ab 6 Jahre.

Im Hagenschieß genießen Jogger, Fahrradfahrer und Familien mit Kindern oft und gerne die Freizeitmöglichkeiten. Die 6 km lange Rundwanderung beginnt am SEEHAUS, einem ehemaligen Jagdpavillon, der später zum Gasthaus aus- und umgebaut wurde. Im Seehaus können Sie lecker essen. Im Biergarten sitzen Sie sehr idyllisch, direkt am See. Es gibt sogar einen kleinen SANDSTRAND. Hier können die Kinder prima buddeln. Baden ist allerdings nicht erlaubt. Vom Parkplatz aus geht es ein kurzes Stück zurück Richtung Pforzheim. Linker Hand, hinter einer kleinen Holzbrücke, beginnt der NATURPFAD. Auf diesem geht es durch den Pforzheimer Stadtwald zum WILDPARK. Planen Sie hier unbedingt genügend Zeit ein. Die Kinder können viele Tiere sehen und manche auch füttern. Nicht weniger als drei Spielplätze laden zum wilden Toben ein. Rund ums Jahr gibt es viele

Ausgangs-/Endpunkt: Wanderparkplatz am Seehaus (GPS-Koordinaten: 48.867835, 8.746019)
Anfahrt: Seehaus: von Pforzheim Richtung Tiefenbronn, Tiefenbronner Straße 201, 75175 Pforzheim; Enzauenpark: parken an der St. Maur-Halle, Am Waisenhausplatz 1; ÖPNV: Stadtbus Linie 5 ab Pforzheim
Weglänge: Rundweg 6 km
Zum Erleben: Wildpark, Tiefenbronner Straße 100, 75173 Pforzheim, frei zugänglich; **Waldklettergarten** Pforzheim, Tiefenbronner Straße 100, 75175 Pforzheim, www.naturkonzepte.com, Erwachsene 19 €, Kinder ab 6 Jahre 12 €, Jugendliche ab 13 Jahre 16 €, März/April/Okt 13–18 Uhr, Mai–Sept 10–18 Uhr; **Enzauenpark**, 75175 Pforzheim
Einkehr: Der Kiosk im Wildpark bietet kleine Speisen und Getränke; mehr gibt's im Seehaus, Tiefenbronner Straße 201, 75173 Pforzheim, www.seehaus-pforzheim.de, Mi–Fr 11.30–14.30 Uhr, 18–22 Uhr, Sa–So 11.30–22 Uhr

Veranstaltungen im Wildpark wie Bastelangebote, Schaufütterungen, Honigschleudern, Apfelsaftpressen u.v.m. Den aktuellen Veranstaltungskalender finden Sie unter www.pforzheim.de, Rubrik »Kultur+Freizeit/Natur & Sport«. Am Haupteingang gibt es einen Kiosk, wo kleine Speisen, Kaffee, Kuchen, Eis und Getränke angeboten werden. Zurück geht es wieder durch den Wald, am idyllisch gelegenen See vorbei zum Parkplatz am Seehaus. Im Wald rund um den See und das Seehaus können die Kinder auf dem SKULPTURENWEG auf Entdeckungstour gehen.

Schaut genau: Wer wohnt denn hier?

Waldklettergarten im Pforzheimer Wildpark

17 Vom Schloss Neuenbürg zum Bergwerk Frischglück

Märchen, Zwergen, Zipfelmützen

Das an der idyllischen Enz gelegene Neuenbürg bietet neben einer hübschen Altstadt gleich zwei Top-Ausflugsziele für Kinder: Im Schloss gibt's eine Mitmach-Ausstellung zum Märchen »Das kalte Herz« und im Besucherbergwerk geht's um Zwerge und Zipfelmützen.

KRIMI-DINNER

Im Schlossrestaurant in Neuenbürg wird regelmäßig ein Krimi-Dinner angeboten, auch der Brunch mit Live-Musik ist sehr zu empfehlen.

Wer mit dem Auto kommt, beginnt die Wanderung am besten ab dem Parkplatz/Bergwerk. Wer mit öffentlichen Verkehrsmitteln unterwegs ist, startet am Schloss. Vom Bahnhof Neuenbürg geht es zunächst über die Enz, einen

Ausgangs-/Endpunkt: Schloss Neuenbürg oder Parkplatz Bergwerk (GPS-Koordinaten: 48.847132, 8.592034 oder 48.833293, 8.593732)
Anfahrt: Neuenbürg liegt an der B 264, Abzweig von der B 264 zum Bergwerk ist gut sichtbar beschildert; ÖPNV: S-Bahn S 6 ab Pforzheim, ab Neuenbürg Buslinie 724/725 zum Bergwerk
Weglänge: 3 km einfache Strecke
Sehenswert: **Museum im Schloss Neuenbürg**, Hintere Schlosssteige/Schloss 1, 75305 Neuenbürg, www.schloss-neuenbuerg.de, Di–Sa 13–18 Uhr, So 10–18 Uhr, Familienkarte 12 €, interessante Ausstellung zum Märchen »Das kalte Herz«; **Grube** »**Frischglück**«, Rathausstraße 2, 75305 Neuenbürg, www.frischglueck.de, März–Okt Sa–So 10–17 Uhr, in den Ferien verlängerte Öffnungszeiten, Erwachsene 5,50 €, Kinder ab 4 Jahre 3,50 €
Einkehr: Stollenschänke am Bergwerk, Imbiss zu Öffnungszeiten des Bergwerks; Schlossrestaurant Neuenbürg, Am Schloss 1, 75305 Neuenbürg, Mi–So 11–22 Uhr, portugiesische Spezialitäten, Kaffee und Kuchen; Fischzucht Zordel, Eyachtal 1, 75305 Neuenbürg/Eyachtal, www.fischzucht-zordel.de, Fischimbiss, fangfrische Forellen auch zum Mitnehmen, selbst angeln gegen Gebühr

Fischzucht Zordel im Eyachtal

Fußpfad entlang und dann der Beschilderung folgend steil den Schlossberg hinauf zum Neuenbürger SCHLOSS. Im Schlossmuseum wartet der
Kohle-Munk-Peter und das GLASMÄNNLEIN auf die kleinen Besucher.
Nach einer kleinen Stärkung im Schlosscafé geht es durch den Schlosspark,
dieser liegt vom Museumseingang gesehen hinter dem Schloss, Richtung
»Altes Schloss«. Wir kommen am Wanderheim vorbei und folgen der Straße
bergab, an der nächsten Kreuzung gehen wir geradeaus und kommen zu
einer hölzernen Übersichtstafel. Hier beginnt der Frischglück-Pfad. Wir folgen
der Beschilderung und erfahren an den einzelnen Wissensstationen Interessantes zum Bergbau im Schwarzwald, über das Leben und die Geschichte
der Bergleute. Knappe 2,5 km später sind wir am BESUCHERBERGWERK
angelangt. Hier werden im Kiosk kleine Speisen und Getränke angeboten. Die Führung im Bergwerk ist spannend und dauert etwa 45 Min. Mit
SCHUTZHELM und Mantel geht
es in den Berg. Im Bergwerk
werden, allerdings nur
unter Voranmeldung,
Abenteuer- und TA-
SCHENLAMPEN-
FÜHRUNGEN ange-
boten.

HEY KIDS,
Lust auf ANGELN? Dann
nix wie los zum Angelsee
beim Hotel Zur alten Mühle!

18 Rundweg im Eyachtal

Natur pur

Das Eyachtal – still, abgeschieden, faszinierend. Die Wanderung führt zunächst leicht bergauf durch wunderschöne Natur zum Lehmannshof. Wenn Sie möchten, legen Sie hier eine Grillpause ein: Die Kinder wird's freuen. Haben Sie noch Lust auf mehr, dann wandern Sie weiter zum Naturschutzgebiet Große Wiese.

ORCHIDEENPARADIES

Wer Orchideen nur als exotische Zimmerpflanzen kennt, wird sich wundern. Im Frühjahr zwischen Mitte Mai und Juni blüht hier im Tal auf den Feuchtwiesen das Knabenkraut, eine bei uns heimische Orchideenart.

Ausgangspunkt für die Rundwanderung ist die Eyachmühle. Hier kann man übrigens auch wunderbar einkehren! Vom Parkplatz bei der Eyachmühle aus gehen wir zunächst auf der asphaltierten Straße weiter an den wenigen Häusern vorbei. Nach etwa 2 km sehen Sie linker Hand eine HEUHÜTTE; ein schmaler Pfad zweigt links ab und führt über die Eyach. Wenn Sie nicht mit dem Kinderwagen unterwegs sind, nehmen Sie diesen Pfad, der AM BACH entlang durch den Wald zum Lehmannshof führt. Er ist für kleine Entdecker und Beobachter auf jeden Fall das größere ABENTEUER. Einen weiteren Kilometer und Sie sind am Lehmannshof angekommen. Hier finden Sie neben einer Hütte auch einen schönen

Ausgangs-/Endpunkt: Wanderparkplatz am Gasthof Eyachmühle (GPS-Koordinaten: 48.782449, 8.521577)
Anfahrt: B 294 aus Pforzheim oder L 340 aus Bad Herrenalb/Dobel bis Neuenbürg-Eyachbrücke, dort Sträßchen Richtung Eyachmühle; ÖPNV: S 6 bis Eyachbrücke
Weglänge: bis Lehmannshof 6 km; bis Große Wiese 8,5 km (jeweils einf. Strecke)
Einkehr: Gasthaus Eyachmühle, Eyachmühle 14, 75335 Dobel, www.eyachmuehle.com, Mi–So 11.30–20.30 Uhr, kinderfreundlich und sehr leckeres Essen in Bioqualität; Fischzucht Zordel, Eyachtal 1, 75305 Neuenbürg/Eyachtal, www.fischzucht-zordel.de, Fischimbiss, fangfrische Forellen auch zum Mitnehmen und selber Angeln

RASTPLATZ. An der Feuerstelle können Sie Mitgebrachtes grillen – Kindern macht so etwas eigentlich immer Spaß. Wer von der schönen Natur nicht genug bekommen kann, folgt weiter der Eyach linksseits. Nach etwa einem Kilometer kommen Sie zur GROSSEN WIESE. Genießen Sie dieses einmalige NATURSCHUTZGEBIET und kehren Sie anschließend zum

Das idyllische Eyachtal ist das Ergebnis eiszeitlicher Kräfte.

Lehmannshof zurück. Folgen Sie dann dem Schotterweg rechts der Eyach und wandern Sie durch den Wald, zurück zur Eyachmühle. GEHEIMTIPP für Kids: Kurz vor dem Gasthaus geht es links den Berg hoch zu einer Wanderkarte und einem Parkplatz. Wenn ihr diesen quert und ein paar Meter dem Weg hinauf in den Wald folgt, kommt ihr zu einem wunderbaren Picknickplatz – Plantschen und STAUDAMM-BAUEN am Bach inklusive.

19 Ausflug Bad Wildbad

Hoch über den Baumwipfeln

Bad Wildbad, eine kleine Kurstadt an der Enz, bietet neben Spa und Wellness für die Eltern auch Spaß und Sehenswertes für die Kids: unter anderem einen Baumwipfelpfad, eine Bergbahn, einen Bikepark, ein Flößermuseum, schöne Wanderwege, den Wildsee und ein geheimnisvolles Hochmoor.

Die Stadt Bad Wildbad ist für Kinder eher unspektakulär, doch die Umgebung hat es in sich und bietet mehr als genug für einen rundum gelungenen Ausflugstag. In der Kurstadt selber gibt einige schöne Bädergebäude, einen netten Kurpark mit einem Eiscafé und zahlreiche Cafés. Ganz gut essen kann man beispielsweise im Wildbader Hof direkt an der Enz. Toll mit Kindern

Ausgangs-/Endpunkt: Bad Wildbad Kurpark (GPS-Koordinaten: 48.748039, 8.549138)
Anfahrt: Bad Wildbad liegt an der B 264; ÖPNV: ab Pforzheim mit der S-Bahn S 6
Zum Erleben: Sommerbergbahn: Uhlandplatz 5, 75323 Bad Wildbad, Tel. 07081/3394, Mai–Sept tägl. ab 8.45 Uhr, im Winter geänderte Zeiten, Fahrplan unter www.bad-wildbad.de, Erwachsene 3,50 €, Kinder bis 15 Jahre 2,50 €, Familienkarte ab 7,50 €, barrierefrei; **Baumwipfelpfad:** tägl. ab 9.30 Uhr, aktuelle Öffnungszeiten auf www.baumwipfelpfad-schwarzwald.de, Erwachsene 9,50 €, Kinder ab 6 Jahre 7,50 €, Familienticket 19,50 €, Rutsche (ab 6 Jahre) 2 €, Kombiticket Sommerbergbahn + Baumwipfelpfad Familienkarte 35 €; **Conti Bikepark Bad Wildbad:** Peter-Liebig-Weg 10, 75323 Bad Wildbad, Tel. 07081/38 01 20, Erwachsene Tageskarte 20 € (Sa/So Tagesticket 26 €, Halbtageskarte 17 €), Schüler 14 € (Sa/So 20 €, Halbtageskarte 14 €), Öffnungszeiten witterungsabhängig, aktuelle unter www.bikepark-bad-wildbad.com
Sehenswert: Heimat- und Flößermuseum in Calmbach, Bergstraße 1, 75323 Bad Wildbad-Calmbach, So 14–17 Uhr oder nach Vereinbarung unter Tel. 07081/930-112, Erwachsene 2 €, Kinder ab 7 Jahre 1 €
Baden: Vital Therme, Bätznerstraße 85, 75323 Bad Wildbad, Tel. 07081/303-253, tägl. ab 9 Uhr, Sauna Mo–Fr ab 13 Uhr, Sa–So ab 9.30 Uhr, Mi (außer in den Ferien) Damensauna, Erwachsene 10 €/3h, Kinder bis 14 Jahre 5,50 €; Kinder haben erst ab 6 Jahre Zutritt zur Sauna; aktuell unter www.bad-wildbad.de

und schön urig ist die Grünhütte, eine bewirtschaftete WANDERHÜTTE, wo lokal und eher deftig gegessen werden kann. Auch im Auerhahn an der Bergstation der Sommerbergbahn sitzt man ganz nett. Die Talstation der Sommerbergbahn, Baden-Württembergs höchste STANDSEILBAHN, befindet sich am Uhlandplatz. Es gibt aber auch einen Fußweg hinauf auf den Sommerberg. Gleich an der Bergstation befindet sich eine Übersichtskarte mit Wandervorschlägen; der Weg zum BAUMWIPFELPFAD ist bestens ausgeschildert. Eine sehr schöne Wanderung führt beispielsweise zur Grünhütte (Rundweg Nr. 6, 12 km) und weiter zum WILDSEEMOOR (ca. 1 km zusätzlich, einfach). Unweit des Baumwipfelpfades befindet sich die Skihütte, wo man lokale Gerichte zu vernünftigen Preisen bekommt. Im Sommer wird neben der Sikhütte im eFUNPARK auch allerlei Fahrspaß angeboten, wie Segway oder der ZIESEL ein Minikettenfahrzeug, das man auf einem kleinen Parcours ausprobieren kann. Weitere Infos unter www.emove.de. Eine weitere große Attraktion bei Bad Wildbad ist der BIKEPARK, einer der größten und ältesten in ganz Deutschland. Es gibt aktuell 6 Fahrstrecken in verschiedenen Schwierigkeitsstufen – da haben Hobbyfahrer und Profis gleichermaßen ihren Spaß. Regelmäßig werden FAHRTECHNIKKURSE angeboten. Für den Radtransport steht entweder die Sommerbergbahn, ein Bus-Shuttle oder ein Schlepplift zur Verfügung. Achtung: Auf allen Strecken gibt es Protektorenpflicht. Protektoren können ausgeliehen werden.

Seit 2014 hat Bad Wildbad eine neue Attraktion: den Baumwipfelpfad.

20 Enzklösterle

Urwalderlebnis Bärlochkar und Freizeitpark Poppeltal

So muss der Wald damals ausgesehen haben, als der Schwarzwald noch kaum besiedelt und bewirtschaftet war: Farne, Beerensträucher, Äste und umgestürzte Bäume bilden ein kaum durchdringbares Unterholz – zu erleben auf dem einmaligen Urwaldpfad bei Enzklösterle.

Am Wanderparkplatz/Urwalderlebnispfad befindet sich eine Übersichtskarte. Sie folgen zunächst einem breiten Schotterweg bergauf. Hier finden Sie die ersten Tafeln mit Informationen zum BANNWALD. Darauf wird anschaulich dargestellt, wie ein Wald auf natürliche Art lebt, altert und sich selbst erneuert – ganz ohne menschlichen Einfluss. Der eigentliche 3 km lange URWALDPFAD beginnt mit einem schmalen Pfad, der rechts vom Schotterweg abzweigt. Über Stock und Stein geht es immer der Bärentatze

Ausgangs-/Endpunkt: Enzklösterle, Wanderparkplatz Urwalderlebnispfad (GPS-Koordinaten: 48.654028, 8.454771)
Anfahrt: Zum Bärlochkar fahren Sie von Bad Wildbad kommend auf der Freudenstädter Straße Richtung Popeltal und biegen kurz vor dem Ortsausgang in die Rohnbachstraße. Hier folgen Sie der Beschilderung »Urwaldpfad Bärlochkar« bis zum Parkplatz. Die Sommerrodelbahn ist unübersehbar gut ausgeschildert.
Weglänge: Urwaldpfad 3 km
Zum Erleben: Urwalderlebnispfad; Petersmühle und Forellenzucht Klaiber, mit Biergarten direkt am Fischteich, Petersmühlenweg, 75337 Enzklösterle Mai–Okt Do u. So 11–16 Uhr; **Kulturdenkmal Rußütte**, März–Nov, tägl. 9–17 Uhr frei zugänglich; **Seewald Freizeitpark Enzklösterle**, 75337 Enzklösterle-Poppeltal, www. riesenrutschbahn.de, Fahrt Riesenrutschbahn Erwachsene 4 €, Kinder ab 8 Jahre 3 €, Kinder unter 8 Jahre können bei Mama oder Papa mitfahren, Erwachsene mit Kind unter 8 Jahre 5,50 €; **Waldklettergarten mit Mega-Seilbahn Hirschtalfox**, März–April 13–18 Uhr, Mai–21. Okt 11–18 Uhr, Erwachsene 21 €, Kinder ab 7 Jahre 7 €
Einkehr: Café am Hirschpark, Hirschtalstraße 30, 75337 Enzklösterle, Tel. 07085/7455, Di–So 9.30–20 Uhr, Tipp: im Haus auch große Ausstellung von kunsthandwerklichen Schnitzereien und Holzkrippen; Poppelmühle Erlebnisgastronomie Sa–So 11–18 Uhr

Auf dem Urwalderlebnispfad geht es immer der Bärentatze nach.

HEIDELBEERSCHMAUS

Ein Extraerlebnis haben Sie, wenn Sie zur Heidelbeerzeit Ende Juli/Anfang August kommen. Heidelbeerprodukte haben im oberen Enztal eine lange Tradition. Jahrhundertelang war die Heidelbeerzeit ein Höhepunkt im Leben vieler Schwarzwaldgemeinden. Oft war die Ernte und der Verkauf für viele Familien ein wichtiger Nebenverdienst. Selbst die Kinder halfen mit und bekamen in dieser Zeit schulfrei. Heute wird die Heidelbeere in Enzklösterle alljährlich mit einer ganzen Festwoche geehrt. Weitere Infos unter www.enzkloesterle.de.

nach. Der Weg ist zwar nicht besonders schwierig, aber festes Schuhwerk ist empfehlenswert. Zurück am Parkplatz können Sie noch die FORELLEN-ZUCHT Petersmühle besuchen. Dort können Sie schön gemütlich im Biergarten essen. Achtung: nur donnerstags und sonntags geöffnet. Zur Sommerrodelbahn, bzw. zum SEEWALD-FREI-ZEITPARK fahren Sie am besten mit dem Auto. Vom Parkplatz am Bärlochkar sind es zwar nur etwa 4 km, aber der Weg ist für Kinder nicht unbedingt empfehlenswert. Vom Parkplatz beim Seewald-Freizeitpark aus haben Sie weitere schöne Wander- und Spaziermöglichkeiten. So können Sie zum Beispiel zum idyllisch gelegenen

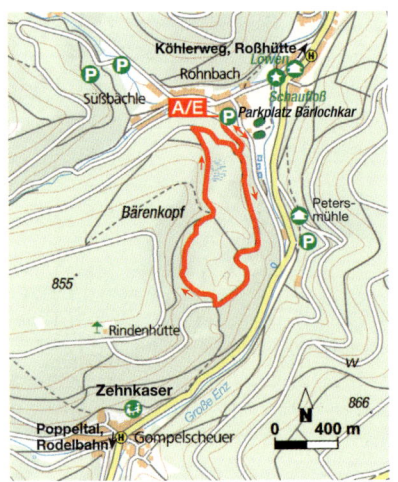

Mmh, Blaubeerpfannkuchen!

Wasserspaß im Seewald Freizeitpark Enzklösterle

POPPELSEE spazieren (1 km, einfacher Weg) oder Sie wandern nach Urnagold und zum Nagoldursprung (4 km, einfacher Weg). Die Hauptattraktion des Freizeitparks ist eindeutig die SOMMERRODELBAHN. Außerdem gibt es noch kleinere Fahrattraktionen wie Elektroautos, Karussells oder Bumperboats. Die meisten funktionieren per Münzeinwurf. Es gibt auch einen Imbiss, wo Sie eine Kleinigkeit essen können. Wenn Sie durch Enzklösterle fahren, sollten Sie eine kulturhistorische Rarität nicht verpassen: die Rußhütte. Die Rußhütte befindet sich am Ende des Köhlerwegs in Enzklösterle. Sie ist ein Kulturdenkmal und erinnert an ein heute fast unbekanntes Schwarzwaldgewerbe – das KIENRUSSBRENNEN. Kienruß fand bei der Herstellung von schwarzen Färbemitteln, zum Beispiel bei Druckerfarbe oder Tinte Verwendung. In der Hütte kann die Ofenvorrichtung besichtigt werden und auf Infotafeln finden Sie Erklärungen zum Herstellungsverfahren.

HEY KIDS,
ist's euch in der RUSS-HÜTTE zu dunkel? Der Lichtschalter ist links neben der Tür.

21 Nagoldtalsperre

Badespaß im Schwarzwald

Am Seeufer entspannen, baden, Schlauchboot fahren oder einen Treppel-Gokart mieten und das Ufer erkunden: Vielfältige Möglichkeiten für einen schönen Tag gibt's am Nagoldstausee. Direkt am See befindet sich ein fantastischer Wasserspielplatz. Kleinen Naturforschern wird der Eisvogelpfad gefallen.

HOCHWASSERSCHUTZ

Die Nagoldtalsperre ist vor rund 50 Jahren als Hochwasser-Schutzanlage gebaut worden. Sie liegt in einem Landschaftsschutzgebiet in der Nähe von Seewald. Bitte beachten Sie, dass das Baden nur im Vorbecken erlaubt ist.

Die Nagoldtalsperre ist vor allem im Sommer ein sehr beliebtes Ausflugsziel. Die Möglichkeiten, hier einen schönen Tag zu verbringen, sind vielfältig. Eltern entspannen am schönen Grassstrand oder baden im See, Kinder genießen den vielleicht BESTEN

Ausgangs-/Endpunkt: Seewald-Erzgrube, Parkplatz am westlichen Ende des Stausees (GPS-Koordinaten: 48.550634, 8.473098)
Anfahrt: Die Nagoldtalsperre liegt direkt bei der Gemeinde Erzgrube an der L 362. Der beste Parkplatz für Familien liegt am oberen Ende des Sees beim kleinen Ort. Der Wasserspielplatz und der Lehrpfad befinden sich an diesem Teil des Sees; außerdem gibt es dort sanitäre Anlagen und einen hübschen Grasstrand. Auch der Gokart-Verleih liegt an diesem Parkplatz.
Weglänge: Wanderung Nagoldtalsperre/Erzgrube–Kropfmühle 5 km einfache Strecke
Zum Erleben: Barfußpfad Hallwangen/Dornstetten, Silberwaldstraße 72280 Dornstetten-Hallwangen, www.barfusspark.de, Mai–15. Okt tägl. 9–20 Uhr, Eintritt gegen Spende
Sehenswert: Besucherbergwerk Himmlisch Heer bei Dornstetten, Mai–Okt jeden 1. und 3. So im Monat 14–18 Uhr und Di 14 Uhr; Puppen- und Spielzeugmuseum am Markplatz Dornstetten, Mi 14.30–17 Uhr, So 14.30–17 Uhr, Eintritt frei, Infos unter www.dornstetten.de/gaeste/museen.

WASSERSPIELPLATZ der Region: Dämme bauen, plantschen, sich austoben – wundervoll! Hinter dem Wasserspielplatz kann man auf dem EISVOGELPFAD Interessantes rund um diesen besonderen Vogel erfah-

Die Nagoldtalsperre liegt in einem Landschaftsschutzgebiet und ist fast 3 km lang.

ren. Sie können aber auch Entspannung und Sportliches verbinden und zur nahe gelegenen Kropfmühle wandern, wo man sehr gut SCHWARZ-WALDFORELLEN essen kann. Planen Sie also unbedingt genügend Zeit ein! Start für diese schöne Wanderung ist am Parkplatz/Erzgrube. Wenn Sie die wenigen Schritte an den See gehen, kommen Sie an einer Übersichtskarte mit Wandervorschlägen vorbei. Zur Kropfmühle geht es immer am See entlang talabwärts. Nach 3 km sind Sie am unteren Ende des Sees angelangt. Hier geht es etwa 100 m steil bergab,

HEY KIDS, seid ihr schon einmal BARFUSS ÜBER GLAS-SCHERBEN gegangen? Geht nicht? Hier schon: im Barfußpark Dornstetten.

Baden im idyllischen Vorbecken des Stausees macht viel Freude!

bis sich der Weg teilt. Sie halten sich links und wandern weitere 2 km durch den Wald bis zur Mühle. Hier erwartet Sie ein nettes Gasthaus, das neben fangfrischen Forellen auch sehr LE-CKEREN KUCHEN anbietet. Nur etwa 12 Autokilometer von der Talsperre entfernt liegt das historische Fachwerkstädtchen Dornstetten mit weiteren lohnenden Erlebniszielen für Kinder, z.B. den Barfußpfad Hallwangen. Der BARFUSS-PFAD ist 2,4 km lang und man geht über Kies, Sand, Rindenmulch, Holz, Glasscherben (!) und ganz viele andere spannende Untergründe. Einen tollen Spielplatz mit SPIELBACH, eine Grillstelle und einen Kiosk gibt es auch. Also: Schuhe aus und rein ins Barfußvergnügen!

Barfußvergnügen bei Hallwangen/ Dornstetten

Altensteig und Nagold 22

Malerische Städte wie aus dem Bilderbuch

Entdecken Sie in Altensteig die vielen Gässchen, erleben Sie bunte Feste und Märkte und genießen Sie eine Wanderung im nahe gelegenen, romantischen Zinsbachtal. Etwas talabwärts liegt das vielfältige Nagold mit seiner großen Burg und dem lauschigen gleichnamigen Flüsschen.

Altensteig ist eine wunderschöne kleine Fachwerkstadt am Ufer der Nagold und Portalgemeinde des Naturparks Schwarzwald Nord/Mitte. Einst durch das Flößergewerbe zu einigem Reichtum gelangt, schmiegt sich die Stadt mit ihren hübschen Fachwerkhäuschen an den Hang – eine Stadt wie aus dem Bilderbuch. Ein Stadtbummel durch die denkmalgeschützte Altstadt hinauf zum Altensteiger Schloss lohnt sich allemal, gibt

Ausgangs-/Endpunkt: Altensteig (GPS-Koordinaten: 48.584687, 8.601196)
Anfahrt: B 463 Pforzheim–Nagold, Altensteig liegt an der B 28; ÖPNV: nach Nagold mit der »Kulturbahn« von Pforzheim oder mit dem Schnellbus aus Herrenberg, Bus nach Altensteig
Weglänge: Mühlenwanderung Zinsbachtal 12 km, Vier-Burgen-Weg 13,5 km, Burg Hohennagold 2 km
Zum Erleben: Letscher Fischhaus, Zinsbachwiesen 7, 72213 Altensteig, Tel. 07453/4100, tägl. 8–19 Uhr, im Winter bis Einbruch der Dämmerung, Angel kann ausgeliehen werden, der gefangene Fisch wird nach Gewicht abgerechnet
Sehenswert: Altes Schloss, Kirchstraße 11, 72213 Altensteig, Mi 14–16 Uhr, So und Feiertag 14–17 Uhr, Erwachsene 2 €, Schüler und Studenten frei; **Hella-Glück-Stollen**, 75387 Neubulach-Ziegelbach, 25. März–26. Nov Di–Fr Führungen um 14 und 15 Uhr, Sa, So u. Feiertage 11–16 Uhr, Erwachsene 4,50 €, Kinder ab 4 Jahre 1 €; Fabelbrunnen, der Alte Turm und weitere Sehenswürdigkeiten in der **Altstadt von Nagold**; **Keltenhügel »Krautbühl«**, Uferstraße, 72202 Nagold; **Steinhaus**, Badgasse 3, 72202 Nagold; **Burgruine Hohennagold**, Am Schloßberg, 72202 Nagold
Einkehr: Historische Wirtschaft Bäck-Schwarz, Paulusstraße 19, 72213 Altensteig, Di–Sa 16–24 Uhr, So 10.30–24 Uhr; Kohlsägemühle, Kohlsägemühle 3, 72213 Altensteig, Tel. 07453/95 23 57 oder 07453/93 08 49, Di Ruhetag, saisonbedingt tägl. 11–22 Uhr

es doch in den GÄSSCHEN viel zu entdecken. Zahlreiche Feste und Märkte rund ums Jahr lassen die Stadt lebendig werden. Vor allem der Weihnachtsmarkt lohnt sich; doch auch der Altensteiger Musiksommer und das alle zwei Jahre stattfindende Flößerfest sind tolle Veranstaltungen. Im ALTEN SCHLOSS befindet sich das Geschichts- und Heimatmuseum, in dem Sie allerlei Wissenswertes über das Leben im Schwarzwald und in der Stadt erfahren. Außerdem finden im Schloss regelmäßig Sonderausstellungen statt. Auch die Umgebung Altensteigs ist reizvoll. Das Fischhaus Letscher bietet abenteuerliches ANGELER-LEBNIS, die Mandelbergruine nahe Pfalzgrafenweiler/Bösingen und der Hella-Glück-Stollen

Altensteig ist ein Schwarzwaldstädtchen wie aus dem Bilderbuch.

bei Neubulach sind ebenfalls tolle Ausflugsziele. Schön wandern kann man beispielsweise im Zinsbachtal, einem ROMANTISCHEN SCHWARZ-WALDTAL. Ausgangspunkt für die Mühlenwanderung (12 km), die uns durch das Zinsbachtal führt, ist die Kohlsägemühle, keine fünf Kilometer von Altensteig entfernt gelegen. Die Mühle ist übrigens bewirtschaftet. Auch der VIER-BURGEN-WEG ist toll, aber mit seinen 13,5 km und über 600 Höhenmetern anspruchsvoll. Ausgangspunkt für diese sportliche Wanderung ist das Rathaus in Pfalzgrafenweiler.

Die schmucke Stadt Nagold ganz im Osten des Schwarzwalds wird von einer eindrucksvollen BURGRUINE gekrönt – ein schöner, keine 2 km langer Spaziergang. Für einen Ausflug nach Nagold kann man einen ganzen

Tag einplanen – es gibt so viel zu sehen und zu erleben. 2012 belebte die Landesgartenschau die Stadt und es entstanden Parkanlagen und Spielplätze. Die **SCHÖNE ALTSTADT** lädt mit ihren schmucken Fachwerkhäusern, Cafés und Geschäften zu einem Stadtbummel ein. An der Nagold gibt es einen tollen großen Spielplatz und einen **TRETBOOTVERLEIH**. Im »Steinhaus«, dem wohl ältesten Haus in Nagold, befindet sich das Heimatmuseum. Nagold war schon seit alter Zeit ein beliebtes Siedlungsgebiet. Davon zeugt das **KELTENGRAB**: Der Grabhügel »Krautbühl« liegt unterhalb des Schlossbergs am Stadtrand. Der Name Krautbühl ist von den Gärten abgeleitet, die hier bis 1986 angelegt waren. Alle zwei Jahre findet ein Keltenfest statt.

Stadtbummel, spannende Burgruine, toller Spielplatz oder gemütliches Café? In Nagold können Sie alles haben.

23 Calw und Hirsau

Literaturstadt und Klosterruine

Die Geburtsstadt des weltberühmten Schriftstellers Hermann Hesse und ihre tolle Umgebung machen einen gelungenen Urlaubstag her: Kultur und Natur bilden hier eine gelungene Symbiose. Sie können sich nicht zwischen Klosterruine und Schluchtenwanderung entscheiden? Erleben Sie einfach beides!

Die beschauliche Fachwerkstadt an der Nagold, Geburtsstadt des Dichters Hermann Hesse, lohnt einen Besuch, nicht nur wegen der hübschen kleinen Altstadt. Von Mai bis September werden speziell für Kinder Stadtführungen angeboten (jeden ersten Sonntag im Monat um 14.30 Uhr). Bei schlechtem Wetter bietet das Kipa – das Kinderparadies im Ortsteil Hirsau jede Menge INDOORSPASS.

HESSE MUSEUM
Fragen Sie an der Kasse nach dem Quiz für Kinder!

Das HESSE MUSEUM ist besuchenswert, auch das Gerbereimuseum und das Bauernhausmuseum sind interessant. In Hirsau, wenige Kilometer von Calw entfernt, sollten Sie unbedingt die RUINE des Klosters Peter und

Ausgangs-/Endpunkt: Bahnhof Calw (GPS-Koordinaten: 48.714432, 8.741417)
Anfahrt: B 463, B 296, B 295; ÖPNV: Kulturbahn Pforzheim–Nagold, Bus ab Weil der Stadt
Sehenswert: Hermann Hesse Museum: Marktplatz 30, Haus Schüz, 75365 Calw, Tel. 07051/7522, April–Okt Di–So 11–17 Uhr, Nov–März Di–Do und Sa–So 11–16 Uhr, Erwachsene 5 €, Kinder 3 €; **Bauernhausmuseum:** Theodor-Dierlamm-Straße 16, 75365 Calw-Altburg, Führungen April–Okt jeden 1. So im Monat 14–17 Uhr, Erwachsene 2 €, Kinder frei; **Gerbereimuseum**, Badstraße 7/1, 75365 Calw, April–Okt So 14–17 Uhr, Erwachsene 2 €, Kinder 1 €; **Brauhaus Schönbuch:** Auf dem Brühl 1, 75365 Calw, Tel. 07051/966 32 80, tägl. ab 11 Uhr, jeden So Brunch 11–15 Uhr; **Kloster Hirsau:** Calwer Straße 6, 75365 Calw, Klosteranlage frei zugänglich, Klostermuseum April–Okt Di–Fr 13–16 Uhr, Sa–So 12–17 Uhr, Erwachsene 2,50 €, Kinder 1,50 €

![Das Benediktinerkloster in Hirsau gehörte einst zu den bedeutendsten in Deutschland.]()

Das Benediktinerkloster in Hirsau gehörte einst zu den bedeutendsten in Deutschland.

Paul besuchen – im Mittelalter eines der größten und wichtigsten Klöster nördlich der Alpen. Selbst die Ruine ist heute noch sehr beeindruckend. Für Kinder gibt es auch hier spezielle Führungen. Wer gerne wandert, findet in der waldreichen Umgebung viele schöne Wanderwege. Bei einem Spaziergang im idyllischen Schweinebachtal ist WASSERSPASS garantiert. Ausgangspunkt hierfür ist die Hirsauer Klosterruine. Gehen Sie von der Klosterruine aus die Hauptstraße (Wildbader Straße) bergauf Richtung Ortsausgang und biegen Sie dann links in die Bärental Straße. Dann immer geradeaus am Bach entlang. Spannend ist auch der WALDPFAD in Calw. Auf 5 kurzweiligen Kilometern geht es durch den Calwer Stadtwald. Vom Gimpelstein hat man eine herrliche Aussicht auf das Tal und am Schafott erfährt man GRUSELIGES über die Stadtgeschichte. Unterwegs gibt es auch eine öffentliche GRILLSTELLE. Start- und Zielpunkt für den Calwer Waldpfad ist der Marktplatz in Calw.

Absolut empfehlenswert und ein Geheimtipp ist eine Wanderung zur WOLFSSCHLUCHT. Hierfür startet man am besten am Bahnhof in Hirsau.

HEY KIDS, an der Nagold gibt es einen TOLLEN SPIELPLATZ, gegenüber vom Brauhaus Schönbuch. Im Brauhaus kann man am Sonntag auch lecker brunchen.

Auf den Spuren mittelalterlicher Mönche: Kloster St. Märgen

MITTLERER
SCHWARZWALD

Die Urlaubsregion Mittlerer Schwarzwald

Der Mittlere Schwarzwald erstreckt sich, grob gesagt, in einem Viereck zwischen den Städten Freudenstadt, Offenburg, Freiburg und Rottweil. Die Täler von Kinzig, Gutach, Neckar und Elz zerfurchen die abwechslungsreiche Berglandschaft, die im Westen in die von Obst- und Weinbau geprägten Vorberge und schließlich in die Rheinebene übergeht. Im Mittleren Schwarzwald liegen zwar nicht die höchsten Berge des Mittelgebirges, gleichwohl schlägt hier sein eigentliches Herz, denn so manches, was als »typisch Schwarzwald« gilt, hat hier seinen Ursprung: Bollenhut und Kuckucksuhren, Schwarzwaldbahn, Schwarzwaldhaus und Schwarzwaldklinik … Das Kinzigtal ist mit seinen 25 Seitentälern das größte und tiefste Tal im gesamten Schwarzwald. Am Ursprung der Kinzig bei Loßburg gibt es ein Zauberland, wo es wirklich

Diese freundlichen Gesellen sind ein wichtiger Wirtschaftsfaktor im mittleren Schwarzwald.

Zauberhaftes zu entdecken gibt. In Alpirsbach, berühmt für Bier und Kloster, lassen sich Kultur, Genuss und Familienerlebnis hervorragend verbinden. Das hübsche Fachwerkstädtchen Schiltach, die Dorotheenhütte und die Grube Clara bei Wolfach oder das liebvoll gepflegte Freilichtmuseum Vogtsbauernhöfe sind weitere tolle Familienziele. Im Gutachtal, einem Nebental der Kinzig, locken der Triberger Wasserfall, die Schwarzwaldbahn mit Tunnel und Brücken sowie die spannende Geschichte der Kuckucksuhr. Besuchen Sie außerdem Gengenbach im unteren Kinzigtal: Die Stadt hat wunderschöne verwinkelte Fachwerkgässchen zu bieten und ein interessantes Flößermuseum, das mit viel Liebe und ehrenamtlichem Engagement betrieben wird. Jedes Jahr in der Adventszeit gibt es eine weitere, ganz besondere Attraktion in Gengenbach: den Adventskalender, den größten der Welt. Weiter fließt die Kinzig durch Offenburg und Kehl und dann in den Rhein. Vom Kinzigtal nach Süden, einmal über den Berg und etwa 15 km vor den Toren Freiburgs gelegen, bietet das Elztal zahlreiche Wander- und Ausflugsmöglichkeiten. Die Elz entspringt nördlich von Furtwangen in der Nähe vom Rohrhardsberg. Das recht dicht besiedelte Tal ist ein Wanderparadies (Informationen: www.elzach.de/tourismus): Empfehlenswert ist beispielsweise eine Wanderung zu den Siebenfelsen, einer mystisch anmutenden Felsformation oberhalb von Elzach-Yach.

Die vielen Wege sind gut ausgeschildert und nicht zu verfehlen.

In Gutach im Breisgau gibt es einen speziell für Kinder angelegten Walderlebnispfad. Die Stadt Waldkirch bietet gerade für Kinder jede Menge Spaß und Action: einen Kletterpark, Burgruinen und den Schwarzwaldzoo. Emmendingen hat eine eine wunderschöne Altstadt zu bieten und eine tolle Burgruine, die Hochburg (Informationen: www.emmendingen.de, Stichwort »Sport und Freizeit«.

24 Von Loßburg nach Alpirsbach

Auf der Spur der Flößer

Die Flößerei prägte Land und Leute im Kinzigtal. Über 700 Jahre lang wurde hier dieses angesehene Gewerbe betrieben. Wandern Sie auf dem Flößerpfad von Loßburg nach Alpirsbach und erleben Sie eines der schönsten Schwarzwaldtäler hautnah!

Wir beginnen in Loßburg am ZAUBERLAND. Dann geht es einfach immer an der Kinzig entlang bis Alpirsbach. An den einzelnen Erlebnisstationen gibt es für die Kinder spannende Geschichten aus der Zeit der FLÖSSER. Auf der Seite www.floesserpfad.de können sich die Kids kostenlos einen Audioguide auf das Smartphone oder den MP3-Player laden. Auch gibt es dort Infos zu GEOCACHING. GPS-Geräte kann man sich für 5 € bei der Touristeninformation in Loßburg leihen. Einen Teil der Strecke begleitet

Ausgangs-/Endpunkt: Zauberland Loßburg (GPS-Koordinaten: 48.411355, 8.445945), Rückfahrt von Alpirsbach nach Loßburg in 15 Min. mit der Ortenau-S-Bahn
Anfahrt: Schömberger Straße in 72290 Loßburg, Nähe Freibad, Parkmöglichkeit vorhanden; ÖPNV: Ortenau-S-Bahn von/nach Offenburg und Freudenstadt
Weglänge: Wanderung Loßburg–Alpirsbach 10 km einfache Strecke; Rundweg Zauberland 5 km
Zum Erleben: Zauberland Loßburg: Themenrundweg mit spannenden Erlebnis- und Spielstationen; Aussichtsturm Vogteiturm in Loßburg, oberhalb der Straße Breuningerweg, ausgeschildert
Sehenswert: Kloster Alpirsbach, www.kloster-alpirsbach.de, 15. März–1. Nov Mo–Fr 10–17.30 Uhr, So 11–17.30 Uhr, 2. Nov–14. März Do–So 13–15 Uhr, Familienkarte 12,50 €, Tipp: Fragen Sie nach Angeboten der Kinderwerkstatt und Familienführungen! **Alpirsbacher Glasbläserei**, Krähenbadstraße 3, 72275 Alpirsbach, Mo–Fr 10–18 Uhr, Sa–So 10–16 Uhr, Führungen mit Voranmeldung, weitere Infos unter www.glasblaeserei-alpirsbach.de.
Einkehr: Schau-Confiserie Max Heinzelmann, Ambrosius-Blarer-Platz 2, 72275 Alpirsbach, Mo–Fr 9–12, 14–18 Uhr, Sa 9–12, 14–17 Uhr; Vesperstube Vogtsmichelhof Mi–Fr 16–21 Uhr, Sa–So 14–20.30 Uhr; weitere Einkehrmöglichkeiten in Alpirsbach

Sie Felix, der junge Flößer, dem sein Hut abhanden gekommen ist. Die Kinder dürfen an den 13 Stationen des Felix-Pfades zahlreiche Rätsel und Aufgaben lösen. Zwischen dem Ortsteil Ehlenbogen und Alpirsbach gibt es sehr URIGE SCHWARZWALDBAUERN-HÖFE, einige mit hübschen Bauerngärten oder Mühlrad. Am

BURGRUINE UND FACHWERKTRAUM

Sehr schön zu wandern ist auch die 6 km lange Strecke zwischen Schenkenzell und Schiltach. Gleich hinter Schenkenzell können Sie die Überreste der Burgruine Schenkenburg erforschen und in Schiltach erwartet Sie ein Fachwerkstädtchen wie aus dem Bilderbuch. Weitere Infos unter www.schiltach.de.

Vogtsmichelhof ist eine Einkehr in der Vesperstube für Freunde der deftigen Schwarzwälder Küche absolut empfehlenswert. Die Kinder dürfen hier auch den Hof und seine tierischen Bewohner erkunden. In Alpirsbach angekommen, gibt es zahlreiche Cafés und Gaststuben. Besonders interessant ist für die Kinder die SCHAU-CONFISERIE Heinzelmann. Sehenswert sind auch die GLASBLÄSEREI, das Druckereimuseum und das Stadtmuseum.

Klosteranlage in Alpirsbach

81

25 Hausach und Gutach

Modelleisenbahn und Freilichtmuseum – Schwarzwald pur im Doppelpack

Hauptattraktion in Hausach ist die Schwarzwald-Modelleisenbahn in einer großen Halle gegenüber vom Bahnhof. Im benachbarten Gutach lockt das weltberühmte Freilichtmuseum Vogtsbauernhöfe. Beides müssen Ihre Kids einfach gesehen haben!

FÜR SPARFÜCHSE

Wer mit dem Zug kommt, kann sparen. Gegen Vorlage des Baden-Württemberg Tickets oder eines TGO-Tickets bekommen Sie Nachlass auf die Eintrittskarte im Freilichtmuseum.

Hausach hat eine hübsche, kleine Altstadt. Hauptattraktion ist eindeutig die Schwarzwald-MODELLEISENBAHN in einer großen Halle direkt am Bahnhof. Der ABENTEUER-PFAD lohnt sich ebenfalls. Ausgangspunkt für den spannenden Themenweg, bei dem Geschicklichkeit und Konzen-

Ausgangs-/Endpunkt: Bahnhof Hausach (GPS-Koordinaten: 48.285402, 8.181760)
Anfahrt: Hausach liegt an der B 294, Gutach an der B 33; ÖPNV: S-Bahn bis Hausach; RE/IRE bis Gutach
Weglänge: Abenteuerpfad Hausach 3 km
Zum Erleben: Sommerrodelbahn Gutach, Singersbach 1a, 77793 Gutach, www.sommerrodelbahn-gutach.de, ab Mitte März wetterabhängig tägl. 10–18 Uhr, Erwachsene 3 €, Kinder bis 14 Jahre 2,50 €; **Park mit allen Sinnen**, Hauptstraße 95, 77793 Gutach, März/April 10–18 Uhr, Mai–Sept 10–19 Uhr, Okt–Nov 10–18 Uhr, Erwachsene 5,50 €, Kinder ab 4 Jahre 3,80 €, nicht kinderwagengeeignet, keine Hunde
Sehenswert: Schwarzwald-Modell-Bahn, Eisenbahnstraße 52a, 77756 Hausach, Tel. 07831/96 60 10, April–Okt Di–So 10–18 Uhr, Nov–März 10–17 Uhr, Erwachsene und Jugendliche ab 11 Jahre 6,50 €, Kinder ab 4 Jahre 3,50 €; **Bergbau-Freilichtmuseum** »Erzpoche«, frei zugänglich, Führungen anfragen bei Rolf Holderer, Tel. 07831/1611; **Vogtsbauernhof**, Wählerbrücke 1, 77793 Gutach, www.vogtsbauernhof.de, 20. März–6. Nov tägl. 9–18 Uhr, Familienkarte 25 €

tration gefragt sind, ist die Wassertretanlage am Ende des Kreuzbergwegs, etwa 20 Minuten Fußweg von der Innenstadt aus. Der Weg ist nicht kinderwagengeeignet. Das BERGBAU-FREILICHTMUSEUM Erzpoche erreicht man ab dem Kreisverkehr Ortseingang Hausach West; das Museum ist ausgeschildert. Es beschäftigt sich mit dem harten Leben der Bergbauleute.

Am Eingang des Gutachtals befindet sich das FREILICHTMUSEUM VOGTSBAUERNHOF – eines der beliebtesten Ausflugsziele im Mittleren Schwarzwald. Hier kann man HAUTNAH erleben, wie man in den letzten 400 Jahren im Schwarzwald gelebt und gearbeitet hat. Seit 1964 ist man hier aktiv im Dienste des heimatlich kulturellen Erbes. Man möchte Traditionen be-

Freilichtmuseum Vogtsbauernhof

wahren und dem Besucher heimatliche Kulturgeschichte näher bringen. Die einzelnen Häuser können erforscht, vieles kann ausprobiert werden. Für die Kinder gibt es neben Bastelangeboten, Spielstationen und regelmäßigen Veranstaltungen auch einen tollen Spielplatz. Im Winter lockt außerdem an einem der Adventswochenenden ein schöner WEIHNACHTSMARKT. Des Weiteren kann man schöne kleine Wanderungen und Spaziergänge rund um Gutach unternehmen. Wandervorschläge finden Sie unter www.gutach.de Stichwort »Freizeit«. Die SOMMERRODELBAHN bei Gutach hat jetzt für Gruppen ab 25 Personen auch im Herbst und Winter geöffnet. Kinder dürfen allerdings erst ab 8 Jahren alleine fahren. Es gibt dort auch einen kleinen Spielplatz mit Trampolin und Nestschaukel.

HEY KIDS,

wie wäre es nach einem tollen Tag im Freilichtmuseum noch mit einer Sause auf der Sommerrodelbahn in Gutach?

26 Triberg

Wasserfälle, Schwarzwaldbahn und größte (?) Kuckucksuhr

Zu allen Jahreszeiten beeindrucken die Triberger Wasserfälle, die über sieben Stufen ins Tal stürzen. In Erinnerung behalten wird man auch die riesige – Einheimische sagen die größte – Kuckucksuhr: Allein der Kuckuck wiegt 150 kg. Zum Kuckuck!

Triberg ist ein Muss bei vielen Schwarzwaldtouristen, dementsprechend voll kann es hier werden. Aber man kann schon sagen: Zu allen Jahreszeiten sind die Triberger Wasserfälle ein beeindruckendes Erlebnis. Über SIEBEN STUFEN stürzt hier die Gutach ins Tal. Am Eingang kann man Erdnüsse kaufen, um EICHHÖRNCHEN zu füttern, die in der Gegend um den Wasserfall zu Hause sind. Wir haben allerdings keine gesehen, dafür aber sehr vorwitzige TANNENHÄHER, dies sind hübsche weiß getüpfelte Waldvögel, die die Erdnüsse auch gerne genommen haben. Es stehen drei Themenwege zur Auswahl, um die Wasserfälle und den Wald rundherum zu erkunden. Der Kaskadenweg führt entlang der Wasserfälle, der Kulturweg verbindet die Wasserfälle mit Sehenswürdigkeiten im Ort und auf dem Naturpfad erfahren Sie Wissenswertes über Pflanzen und Tiere

Anfangs-/Endpunkt: Bahnhof Triberg (GPS-Koordinaten: 48.139736, 8.237947)
Anfahrt: Triberg liegt an der B 33; ÖPNV: mit der Schwarzwaldbahn Offenburg–Konstanz
Weglänge: Schwarzwaldbahn-Erlebnisweg 12 km einfach
Zum Erleben: Natur-Hochseilgarten, April–Nov Mo–Fr 13–19 Uhr, Sa–So 10–19 Uhr, www.forestfun.de, Preis für 2 Std. inkl. Ausrüstung Erwachsene 15 €, Kinder unter 16 Jahre 12 €, Kleinkindparcours ab 4 Jahre 6 €
Sehenswert: Wasserfälle Triberg, Haupteingang: Hauptstraße 85, 78098 Triberg im Schwarzwald, Tel. 07722/8664-90, Familienkarte 9,50 €; **Schwarzwaldmuseum** Triberg, Wallfahrtstraße 4, 78098 Triberg, Tel. 07722/4434, April–Sept tägl. 10–18 Uhr, Okt–März Di–So 10–17 Uhr, Familienkarte 13 €; weltgrößte **Kuckucksuhr**, Eble Uhren-Park GmbH, Schonachbach 27, 78098 Triberg (im Navi PLZ 78136 verwenden!), Ostern–Ende Okt Mo–Sa 9–18 Uhr, So 10–18 Uhr, im Winter Mo–Sa 9–17.30 Uhr, So 10–17 Uhr, Erwachsene und Kinder ab 10 Jahre 2 €

Es gibt mehrere interessante Themenwege rund um die Triberger Wasserfälle.

im Schwarzwald. Einen Übersichtsflyer können Sie sich kostenlos unter www.triberg.de Rubrik »Tourismus und Freizeit«, Stichwort »Naturerlebnis« herunterladen. Für tobefreudige Entdecker gibt es vom Haupteingang gesehen rechts den Natur Erlebnispark, einen WALDSPIELPLATZ mit vielen KLETTERMÖGLICHKEITEN. Wer es abenteuerlich mag, kann

Ein Tannenhäher – diese vorwitzigen Vögel lassen sich gerne mit Erdnüssen füttern. Die gibt's an der Kasse zu kaufen.

den Besuch der Wasserfälle auch mit dem NATUR-HOCHSEILGARTEN verbinden. Dort gibt es Kletterparcours verschiedener Schwierigkeitsgrade, auf denen sich die Kinder erproben können. Der Hochseilgarten ist nur zu Fuß zu erreichen. Von den Wasserfällen aus ist der Weg gut ausgeschildert. Wer direkt zum Klettergarten möchte, parkt am besten am Scheffelparkplatz, an der B 500 und geht dann Richtung Wasserfälle, beziehungsweise folgt der Beschilderung. Einen detaillierten Anfahrtsplan finden Sie unter www.forestfun.de/Lageplan.html. Die Wasserfälle sind aber nicht alles, was Triberg zu bieten hat. Das SCHWARZWALDMUSEUM ist auf jeden Fall einen Besuch wert. In dem ansprechend gestalteten Museum bekommt man einen Einblick in das bäuerliche Leben und die Handwerkstraditionen im Schwarzwald. Speziell für Kinder wird hier eine Rallye durch das Museum angeboten – fragen Sie an der Kasse danach. Typisch Schwarzwald: Da darf die Kuckucksuhr natürlich nicht fehlen. In Triberg, im Uhrenpark Eble, steht die angeblich GRÖSSTE KUCKUCKS-UHR DER WELT. Ob es tatsächlich so ist? Ist vielleicht gar

> **WINTERZAUBER**
>
> Im Winter bieten die Wasserfälle ein zauberhaftes Erlebnis. Jedes Jahr in der Adventszeit eröffnet rund um den Wasserfall der Triberger Weihnachtsmarkt. Abends spazieren Sie durch ein Lichtermeer, können mit den Kindern Stockbrot backen und genießen die Feuershow an den Wasserfällen.

nicht so wichtig, denn die Uhr ist so oder so beeindruckend. Allein der Kuckuck wiegt 150 kg. Das Uhrwerk, im Maßstab 60:1 nachgebaut, kann gegen 2 € Eintritt besichtigt werden. Im benachbarten Schonach steht übrigens die »erste weltgrößte Kuckucksuhr«. Diese ist nicht minder beeindruckend und ein Ausflug nach Schonach lohnt sich allemal. Wer sich für die Geschichte der Schwarzwalduhren interessiert, sollte auf jeden Fall das UHRENMUSEUM im nahen Furtwangen besuchen. Mit Kindern können Sie sich hier auf eine kurzweilige Rallye durch die Geschichte der Zeitmessung begeben. Das Museum bietet auch Themennachmittage für Kinder. Triberg liegt an der Strecke der SCHWARZWALDBAHN und hat dem Bau einen Themenweg gewidmet, der landschaftlich wunderschön und nicht nur für Eisenbahnfreunde interessant ist. Ausgangs- und Endpunkt für den Schwarzwaldbahn-ERLEBNISWEG ist der Bahnhof Triberg. Der Pfad ist in zwei Teilstrecken mit jeweils 6 km geteilt. Der »Untere Erlebnisweg« führt übrigens an der weltgrößten Kuckucksuhr vorbei. Beide Weg sind nicht kinderwagengeeignet. Eine kostenlose Übersichtskarte können Sie sich unter: www.schwarzwaldbahn-erlebnispfad.de herunterladen.

27 Gengenbach

Fachwerkgenuss für Jung und Alt

Kultur, Spaß und Abenteuer bietet die hübsche Stadt Gengenbach. Zusammen mit den Kindern durchstreifen Sie verwinkelte Altstadtgässchen, toben auf dem Spielplatz und begeben sich auf die Spuren von Räuber Hotzenplotz!

Die einstige Freie Reichsstadt Gengenbach liegt am Ausgang des Kinzigtals nur 10 km von Offenburg entfernt und bietet neben Kulturellem auch jede Menge Spaß und Abenteuer. Machen Sie auf jeden Fall einen Spaziergang durch die schmalen VERWINKELTEN ALTSTADTGÄSSCHEN! Gengenbach ist weithin bekannt für seine hübschen FACHWERKBAUTEN.

Ausgangs- /Endpunkt: Gengenbach Bahnhof (GPS-Koordinaten: 48.404660, 8.010323)
Anfahrt: A 5 Ausfahrt Offenburg, dann die B 33/E 351 bis Gengenbach; ÖPNV: RE oder S-Bahn aus Offenburg oder Hausach
Weglänge: Räuber-Hotzenplotz-Pfad 4 km
Zum Erleben: Räuber-Hotzenplotz-Pfad: Start an der Festhalle im Ortsteil Strohbach; **kleiner Räuberpfad:** Start am Strohbacher Steinbruch, Infos unter www.gengenbach.info/Entdecken/Erlebnis; Freizeitanlage Gengenbach mit **Abenteuergolf und Abenteuerland**, Otto-Ernst-Sutterweg 2, 77723 Gengenbach, www.freizeitanlage-gengenbach.de, Mai–Sept tägl. 10–20 Uhr, März, April, Okt tägl. 13.30–19 Uhr, Kombikarte mit 3 Fahrchips je Kind 8 €
Sehenswert: Narrenmuseum im Niggelturm, Hauptstraße 39, 77723 Gengenbach, April–Okt Mi u. Sa 14–17 Uhr, So 11–17 Uhr, Sonderführungen auf Voranmeldung, Erwachsene 3 €, Kinder ab 6 Jahre 1,50 €; **Flößer- und Verkehrsmuseum**, Grünstraße 1, bei der Kinzigbrücke, 77723 Gengenbach, www.floesserei-museum.de, April–Okt Sa 14–17 Uhr, So 10–12 Uhr, 14–17 Uhr, Erwachsene 2 €, Kinder 1 €

Ein besonderes Unikat ist der Gengenbacher Adventskalender. 24 Fenster des Rathauses werden thematisch dekoriert, in den nächsten Jahren sollen berühmte Kinderbuchfiguren wie das Sams oder Pippi Langstrumpf die Fenster schmücken. Allabendlich um 18 Uhr ist es dann so weit und ein Fenster des Rathaus-Adventskalenders wird geöffnet. Zum Gengenbacher

Adventskalender und Weihnachtsmarkt gibt es ein abwechslungsreiches Begleitprogramm. Weitere Infos unter www.stadt.gengenbach.de. Außerdem gibt es in Gengenbach zwei lohnenswerte Museen. Im NARRENMUSEUM IM NIGGELTURM dreht sich alles um die 5. Jahreszeit. Im FLÖSSER- UND VERKEHRSMUSEUM wird ein altes Handwerk geehrt, das wie kein anderes das Leben und die Geschichte des Kinzigtals prägte. Hinter der Klosteranlage befindet sich ein hübsch angelegter KRÄUTERGARTEN, den Sie ebenfalls besuchen können. Und hinter der angrenzenden Stadtmauer beginnt der STADTPARK. Hier können sich die Kinder prima auf dem SPIELPLATZ austoben. Im hinteren Teil des Parks befindet sich ein Ententeich und ein kleines TIERGEHEGE. In einem Stadtteil von Gengenbach, in Strohbach, können die Kinder dem RÄUBER HOTZENPLOTZ durch den Bermersbacher Wald fol-

Erkunden Sie die hübschen, verwinkelten Gassen der Gengenbacher Altstadt.

gen und erleben dabei allerlei Abenteuer. Startpunkt für den 4 km langen Rundweg ist an der Festhalle in Strohbach. Der Weg eignet sich eher für ältere Kinder. Für jüngere Kinder gibt es den Kleinen-Räuber-Hotzenplotz-Pfad. Dieser ist zwar nicht kürzer, aber weniger anspruchsvoll. Der kleine Räuberpfad beginnt am Strohbacher Steinbruch. Spiel und Spaß stehen in der FREIZEITANLAGE GEGENBACH in der Parkanlage Schneckenmatt im Vordergrund. Hier gibt es neben einem Erlebnis-MINIGOLF verschiedenen Spielgeräte und Attraktionen. In der Parkanlage gibt es außerdem noch einen lohnenswerten frei zugänglichen Spielplatz.

28 Schramberg

Burgruinen, Erlebnisbauernhof, Uhrenindustrie und mehr

Urlaubsparadies Schramberg: Technikfans kommen hier ebenso auf ihre Kosten wie Tierfreunde und Wandervögel. Unvergesslich ist die Wanderung durchs Felsenmeer hinauf zur großen Burgruine, wo man sich in längst vergangenen Zeiten wähnt.

Östlich vom Gutachtal befindet sich die Gemeinde Schramberg, zweitgrößte Stadt im Bezirk Rottweil. Bekannt geworden ist diese kleine Schwarzwaldstadt durch die Firma Junghans, einst GRÖSSTE UHRENFABRIK DER WELT. Mit der digitalen Technik und der Konkurrenz aus China hatte es die Firma jedoch zunehmend schwer. Heute gehört die Firma der Familie Steim. Es gibt mehrere sehr sehenswerte Museen in Schramberg, die sich mit Technik kreativ auseinandersetzten. Da wäre zunächst das MODELL-BAUMUSEUM, wirklich toll, nicht nur für Insider. Die Kinder können hier alles mögliche erforschen und ausprobieren. Dann gibt es noch das Die-

Ausgangs-/Endpunkt: Rathaus Schramberg oder Parkplatz Geißhalde bei der Firma Junghans (GPS-Koordinaten: 48.225572, 8.385145 oder 48.222762, 8.376804)
Anfahrt: A 81 Ausfahrt Rottweil, B 462 bis Schramberg, direkt in der Stadtmitte gibt es ein Parkhaus; ÖPNV: Bus ab Rottweil oder Schiltach
Weglänge: Hohenschramberg 4,5 km, 220 Hm; bis Schiltach und zurück 8,8 km zusätzlich
Zum Erleben: Erlebnisbauernhof Schmid in Waldmössing, Weiherwasenstraße 46, 78713 Schramberg-Waldmössingen, ausgeschildert, Ortsausfahrt Richtung Oberndorf, www.erlebnis-bauernhof.de, frei zugänglich, Vesperstube im Sommer wetterabhängig 11–20 Uhr
Sehenswert: Die Museen Erfinderzeiten, Dieselmuseum, Eisenbahnmuseum sowie Autosammlung Steim befinden sich in den ehemaligen Produktionshallen der Firma Junghans Gewerbepark H.A.U. 3/5, 78713 Schramberg, Tel. 07422/29 300, www.auto-und-uhrenwelt.de, 15. März–31. Okt 10–18 Uhr, 1. Nov–14. März 10–17 Uhr, im Winter geänderte Öffnungszeiten möglich; eine Familienkarte für die Museen kostet 17 €.
Einkehr: Burgstüble Hohenschramberg, Fr–So 11–22 Uhr, Juli/Aug auch Mi u. Do geöffnet; weitere in Schramberg

Im Modellbaumuseum gibt es auch eine kleine Spielecke für Kinder.

selmuseum und vor allem das Museum ERFINDERZEITEN. Schramberg liegt in einem recht engen Tal, bewaldete Berge ringsherum. Die Umgebung ist sehr reizvoll und eine Wanderung lohnt sich sehr. Sehr schön ist der Weg hinauf zur BURGRUINE Hohenschramberg, an einem kleinen Wasserfall vorbei, durchs FELSENMEER und oben gibt's

nicht nur herrliche Aussicht und eine tolle Ruine, die erkundet werden will, sondern auch SAGENHAFTE STEAKS im Burgstüble. Ein tolles Ausflugsziel ist auch der TIERPARK im Stadtteil Waldmössing. Hier gibt es ewig hungriges Damwild, das mit dort angebotenem Futter gefüttert werden kann, ein 2000 Jahre altes römisches Kastell, ein Maislabyrinth, Schweine, Esel, Ziegen, Pferde und und und …
Unsere eigentliche Wanderung beginnt am Rathaus in Schram-

GEOLOGISCHE VERWERFUNGEN

Die Umgebung von Schramberg ist nicht nur wunderschön, sondern auch aus geologischer Sicht ausgesprochen interessant. Schramberg liegt an sogenannten Verwerfungen. Hier wirkten unglaubliche geomorphologische Kräfte: Gesteinsschichten haben sich vertikal gegeneinander verschoben und Stufen gebildet. Auf dem geologischen Lehrpfad kann man alle Gesteine entdecken, aus denen der Schwarzwald hauptsächlich besteht: Granit, Buntsandstein und Rotliegendes.

berg. Dort finden Sie auch eine Übersichtskarte mit weiteren Wandervorschlägen. Nicht weit vom Rathaus befindet sich übrigens der »Park der Zeiten«, der ebenfalls Interessantes und Spaßiges zu bieten hat. Wir folgen dem Wegweiser Richtung Hohenschramberg/Lauterbacher Wasserfall durch die Fußgängerzone und die Hauptstraße entlang, halten uns nach dem Eiscafé am Ende der Fußgängerzone rechts, überqueren den Lauterbach und biegen dann links in die Geißenhaldenstraße. Wir kommen zum Produktionsgelände der Firma Junghans. Hier beginnt auch der geologische Lehrpfad, dem wir bis auf weiteres folgen. Wir gehen den Lauterbach entlang bergauf und kommen zum Lauterbacher WASSERFALL. Im Vergleich zu anderen Wasserfällen im Schwarzwald ist der Lauterbacher Wasserfall eher

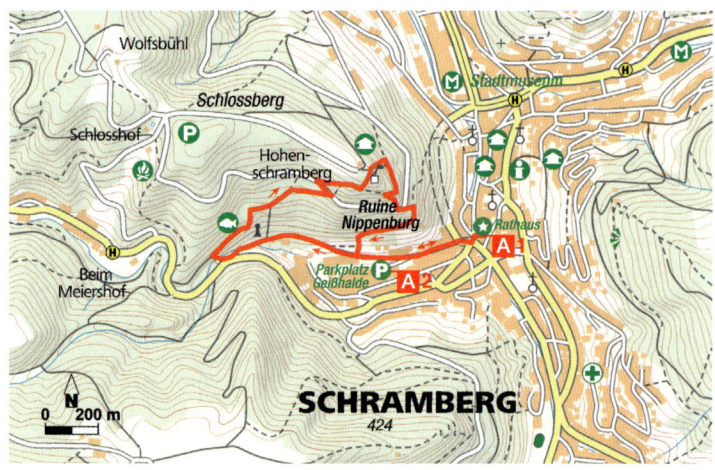

beschaulich, die Umgebung aber sehr reizvoll und abwechslungsreich. Wenig später kommen wir zu einer Staustufe und gehen hier rechts den Wegweisern folgend Richtung Felsenmeer und Burgruine Hohenschramberg. Jetzt ist ein wenig KRAXELN angesagt. Ein spannender Pfad führt uns durch das FELSENMEER – anstrengend, macht aber Spaß. Wir kommen zu einem breiten Waldweg, gehen links und bald wieder rechts einen schmalen Pfad hinauf zur BURGRUINE. Einst war die Tälerstadt Schramberg von fünf Burgen umgeben; Hohenschramberg ist eine vergleichsweise junge Burg und noch recht gut erhalten. Von der Burgruine hat man einen herrlichen AUSBLICK auf Schramberg und die Tallandschaft. Vielleicht ein leckeres Vesper oder ein Stück KUCHEN im Burgstüble? Frisch gestärkt wandern wir danach talwärts, diesmal über den »vegetationskundlichen Pfad«. Dieser ist etwas kürzer und bietet Spannendes über die NATUR UND PFLANZENWELT rund um den Schlossberg. Variante: Wer länger wandern möchte kann auch von der Burgruine Hohenschramberg weiter Richtung Schiltach und Hinterholz (4 km) wandern. In der »Hinterholz Stube« kann man gut einkehren und anschließend zurück über die Ruine Schilteck (2,8 km) wandern. Von dort sind es noch einmal etwa 2 km zurück nach Schramberg/Zentrum.

Die Burgruine Hohenschramberg ist eine von fünf Burgruinen rund um Schramberg.

29 Rottweil

Älteste Stadt Baden-Württembergs

Lust auf eine Zeitreise? Dann sind Sie in Rottweil richtig: Von den alten Römern über die Zeit der Ritter und Burgen bis zum futuristischen Aufzugtestturm mit der höchsten Aussichtsplattform ganz Deutschlands gibt's hier unglaublich viel zu sehen und zu erleben – viel Vergnügen!

Die Kreisstadt Rottweil liegt am östlichen Rand des Schwarzwalds am Neckar und ist vielen Hundebesitzern ein Begriff. Der ROTTWEILER – dieser freundliche und lernwillige Hund – war wohl vor allem in der Reichsstadt Rottweil verbreitet, sodass er bereits im Mittelalter seinen Namen erhielt. Rottweil gilt auch als älteste Stadt Baden-Württembergs und hat

Ausgangs-/Endpunkt: Bahnhof Rottweil (GPS-Koordinaten: 48.165296, 8.639494)
Anfahrt: A 81 Ausfahrt Rottweil; ÖPNV: aus Stuttgart oder Singen direkt mit IC; aus Richtung Offenburg/Kinzigtal mit RE und umsteigen in Villingen
Sehenswert: Aufzugtestturm, Führung jeden So um 11 Uhr, Start am Parkplatz beim Turm, 6 €, Kinder frei; **Dominikanermuseum**, Kriegsdamm 4, 78628 Rottweil, www.dominikanermuseum.de, Di–So 10–17 Uhr, Familienkarte 8 €; **Stadtmuseum**, Hauptstraße 20, 78628 Rottweil, Di–So 14–16 Uhr, Erwachsene 2 €, Kinder frei; **Salinenmuseum**, Mai–Sept So 14.30–17 Uhr
Baden: Aquasol, Brugger Straße 11, 78628 Rottweil, www.aquasol-rottweil.de, Tageskarte Erwachsene 10,50 €, Kinder ab 6 Jahre 8 €

eine wunderschöne MITTELALTERLICHE ALTSTADT und zahlreiche Sehenswürdigkeiten zu bieten. Bereits die RÖMER siedelten auf dem Gebiet und hinterließen ihre Spuren – zum Beispiel das Legionsbad am Stadtfriedhof. Dieses wurde vermutlich um 80 vor Christus errichtet und ist heute freigelegt und frei zugänglich. Im Dominikanermuseum sind Funde aus der Römerzeit, Bildwerke aus dem Mittelalter und zeitgenössische Kunst ausgestellt. Interessant ist auch das Stadtmuseum am Marktplatz, das u.a. das FASNETSTÜBLE und Alltagsgegenstände von einst zeigt. Schon allein das Gebäude, das Herdersche Haus, ist sehenswert. Für Kinder gibt es

das PUPPEN- UND SPIELZEUG-
MUSEUM, in dem man traditionelles
Spielzeug aus zwei Jahrhunderten bestaunen kann. Besonders interessant
aber ist das Salinenmuseum »Unte-
res Bohrhaus«. Das Museum liegt
versteckt im idyllischen Primtal im
Südwesten Rottweils. Hier kann man
in originalen Gebäuden auf kurzweilige Weise Interessantes über
die traditionelle Salzgewinnung in
Rottweil erfahren. In einem Work-
shop können Kinder hier auch ihr
eigenes SALZ SIEDEN, Duftsalz
herstellen oder MIT SALZTEIG
WERKELN. Achtung: Anmeldung
erforderlich! Infos zu Führungen und
Aktionstagen finden Sie unter www.
saline-museum-rottweil.de. Nachdem
man also gelernt hat, dass »Sole« der
Begriff für salzhaltiges Wasser ist, sollte
man auch das Sole- und FREIZEIT-
BAD aquasol besuchen. Es gibt einen
Kinderbereich mit RUTSCHE, ein
Sportbecken und ein Solebecken mit
Massagedüsen und ein Außenbecken,

Der Rottweiler zählt zu den ältesten Hunderassen und hat seinen Namen wohl bekommen, weil er im Mittelalter in der Reichsstadt Rottweil sehr beliebt war.

ebenfalls mit Salzwasser und Massagedüsen, außerdem eine Saunaland-
schaft und ein Bistro. Ein weiteres Highlight in Rottweil ist der AUFZUG-
TESTTURM der Firma Thyssen-
Krupp. Der Turm befindet
sich noch im Bau, kann
aber besichtigt wer-
den. Hier sollen später
Expressaufzüge und
Hochgeschwindigkeits-
aufzüge getestet werden.

HEY KIDS,
fragt an der Kasse im Dominikanermuseum nach dem
Museumsspiel. Mit Hilfe eines
Taschencomputers könnt ihr
einen Tag in einem Römer-
leben erleben.

30 Waldkirch

Schwarzwaldzoo, Burgruine, Baumkronenweg und mehr

In Waldkirch werden Familien fündig: Hier kann man Tiere beobachten, auf dem Baumkronenweg kraxeln, mutig die Riesenröhrenrutsche hinuntersausen, zur Burg hochwandern, Musikautomaten bestaunen und Orgelmusik lauschen.

Im Elztal, am Fuße des Kandels (1241m), liegt die Kreisstadt Waldkirch. Eine große Vielzahl und Vielfalt an Freizeitaktivitäten bieten sich hier gerade für Familien mit Kindern. Im SCHWARZWALDZOO kommen eher jüngere Kinder auf ihre Kosten. Auf einem knapp 1 km langen Rundweg kann man in den Außengehegen Hirsche, Ziegen, Lamas, Alpakas, LUCHSE, Waschbären und viele andere Tierarten beobachten. Im oberen Teil befindet sich ein Spielplatz, Tische und Bänke stehen für ein Picknick bereit. Es gibt auch eine offene Grillstelle, die nach Absprache genutzt werden kann. Nicht weit vom Schwarzwaldzoo befindet sich der Stadtrainsee. Hier kann man TRETBOOTE mieten, Minigolf spielen oder genießt den Blick auf den See, beispielsweise von der Sonnenterrasse des Cafés Stadtrainsee; Spielplatz direkt daneben. Vom See sind es wenige hundert Meter zum BAUMKRONENWEG. Am besten geht man vom See aus über den Sinnesweg hinauf

Ausgangs-/Endpunkt: Waldkirch Bahnhof (GPS-Koordinaten: 48.097779, 7.954741)
Anfahrt: A 5 Freiburg-Nord, dann B 294 bis Waldkirch; ÖPNV: Breisgau-S-Bahn ab Freiburg
Weglänge: Ritterpfad 1 km ab Wanderparkplatz
Zum Erleben: Schwarzwaldzoo, Am Buchenbühl 8a, 79183 Waldkirch, www.schwarzwaldzoo.de; April–Okt 9–18 Uhr, im Winter verkürzte Öffnungszeiten, Familienkarte 12 €; **Baumkronenweg**, Areal Stadtrainpark und Hugenwald/Fohrenbühl, 79183 Waldkirch, www.baumkronenweg-waldkirch.de, tägl. 10.30–19 Uhr, im Frühjahr und Herbst verkürzte Öffnungszeiten, Erwachsene 6 €, Kinder ab 5 Jahre 4,50 €
Sehenswert: Elztalmuseum, Kirchplatz 14, 79183 Waldkirch, Tel. 07681/47 85 30, Ostern–Okt Di–Sa 15–17 Uhr, So 11–17 Uhr, Nov–Ostern Mi, Fr, Sa 15–17 Uhr, So 11–17 Uhr, Familienkarte mit Orgelführung 12 €
Einkehr: in Waldkirch gibt es eine ganze Reihe von Cafés und Restaurants

Blick vom Marktplatz Waldkirch auf die Burgruine Kastelburg

zum Baumkronenweg. Der Startpunkt für den Sinnesweg liegt zwischen dem Schwarzwaldzoo und dem Stadtrainsee und ist gut ausgeschildert. Zuerst ist Aufmerksamkeit bei den 25 Stationen gefragt, beispielsweise bei der TIERSPURENSUCHE. Die Kinder erfahren auf unterhaltsame Weise Interessantes über den Wald, seine Bewohner und die Stadt Waldkirch. Oben angekommen gibt es beim Waldkiosk auch einen kleinen BARFUSSPFAD und einen Spielplatz, beides gehört zum Baumkronenweg. Dann geht es hoch hinauf. In 23 m Höhe spaziert man zwischen den Baumwipfeln von

WISSENSSTATION zu Wissensstation. Ganz besonders Mutige können anschließend die RIESENRÖHRENRUTSCHE zurück zum Ausgangspunkt hinunterrutschen. Ältere Kinder werden sicher auf dem ABEN-TEUERWEG jede Menge Spaß und Action haben. Ausgangspunkt hierfür ist ebenfalls der Waldkiosk. Wer in Waldkirch gerne wandern möchte, dem sei die Kastelburg mit ihrer bewegten Geschichte empfohlen. Mitte des 13. Jahrhunderts bauten die

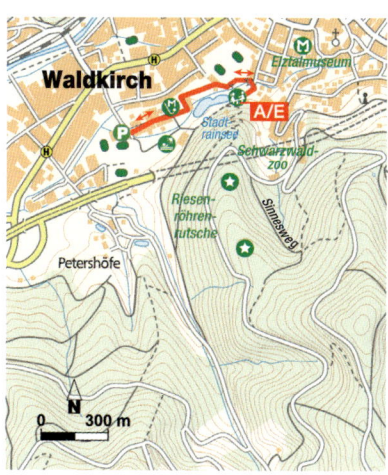

Im Elztalmuseum geht es um Stadtgeschichte, Orgelbau und Edelsteinschleifer.

Herren von Schwarzenberg die Kastelburg und die Schwarzenburg auf der gegenüberliegenden Bergseite, um das Elztal an dieser Stelle kontrollieren und verteidigen zu können. Mitte des 14. Jahrhunderts starb das Geschlecht aus und die Burg wurde für 2140 Silberlinge an den Ritter Martin Malterer von Freiburg verkauft. Später ging sie in den Besitz der Staufer über.

Im Dreißigjährigen Krieg wurde die Burg zerstört, um sie nicht den herannahenden Schweden zu überlassen. Heute thront die RUINE hoch über der Stadt Waldkirch und bietet den Besuchern eine fantastische Aussicht auf Waldkirch, das Elztal, den Kandel und die Rheinebene. Speziell für Kinder wurde der RITTERPFAD angelegt. Hier warten 8 Ritterfiguren mit spannenden Geschichten rund um das Ritterleben auf die Kinder. Von Waldkirch aus können sie beispielsweise am Bahnhof starten. Wir folgen zunächst der Beschilderung »Fußweg zur Burg«

Im Schwarzwaldzoo

und kommen nach etwa 500 m zu einer Übersichtstafel. Der eigentliche Ritterpfad beginnt am Wanderparkplatz, ist etwa 1 km lang und gut beschildert. Auch rund um den Kandel gibt es attraktive Wandermöglichkeiten. Weitere Infos und Übersichtskarten finden Sie unter www.kandelbergland.de/tourenvorschlaege.html.

Für Kulturinteressierte gibt es in Waldkirch eine spannende Ausstellung im Elztalmuseum. Stadtgeschichte, Waldkircher Orgelbau, MUSIK-AUTOMATEN und das Handwerk der Edelsteinschleiferei sind nur einige der Ausstellungsthemen. Der Orgelbau machte Waldkirch in der Welt berühmt und ist auch heute noch ein wichtiger Wirtschaftszweig. Alle drei Jahre findet das ORGELFEST statt, ein international besuchtes Fest der Orgelbautradition. Weitere Infos hierzu unter www.orgelfest-waldkirch.de.

HEY KIDS,
Lust auf Bergluft? Wandert auf den Kandel – die Aussicht von dort oben ist wie aus dem Flugzeug!

31 Hochburg Emmendingen

Zur beeindruckenden Burgruine

Eine riesige Burg lässt Sie in die Zeit der Ritter und Burgen, der schönen Prinzessinen und Minnesänger eintauchen. Wisst ihr, wie schwer eine Kanonekugel war? Und wie viel ein echtes Ritter-Festmahl kostete? Auf der Hochburg werdet ihr's erfahren. Los geht's!

Einst strategisch sehr bedeutend, heute ein steinerner Zeuge einer lang vergangenen Zeit: Die Burgruine ist allein wegen ihrer beeindruckenden Größe sehenswert. Die Kinder können GEHEIMNISVOLLE NISCHEN UND GÄNGE durchstöbern und man genießt eine herrliche Aussicht auf den Schwarzwald und das Oberrheintal. Die Hochburg Emmendingen kann man auf eigene Faust erkunden oder eine Führung buchen. Im Burgmuseum bekommt man einen Eindruck vom mittelalterlichen Alltagsleben. Wie schwer war eine KANONENKUGEL, wie viel kostete ein Festmahl, wie wurde eigentlich gekocht und wie viel verdiente ein Bürgermeister? Das Museum ist zwar klein, aber spannend ist es allemal. Ein Vesper und

Ausgangs-/Endpunkt: Panoramastraße bei Emmendingen (GPS-Koordinaten: 48.117955, 7.896196)
Anfahrt: B 3 bis Emmendingen, ab da gut ausgeschildert, die Burgruine liegt an der Panoramastraße, ab Emmendingen Richtung Windenreute; ÖPNV Zug bis Emmendingen
Weglänge: Hochburg ab Parkplatz ca. 800 m direkt; Wieselweg 1,5 km
Sehenswert: Innenburg, Burgmuseum (Eintritt frei)
Öffnungszeiten: Innenburg tägl. 7–21 Uhr bzw. bis zur Dunkelheit; Burgmuseum 1. April–31. Okt So 13–17Uhr; Führungen für Gruppen nach Vereinbarung: Tel. 07641/194 33
Einkehr: Kiosk an der Oberburg; Wirtschaft Campus am Sportfeld Emmendingen

Getränke bekommt man am Kiosk in der Oberburg. Vor der Brücke und dem Burgeingang gibt es Tische und Bänke und auch eine befestigte Feuerstelle. Die Ruine ist frei zugänglich. Unterhalb der Burg, an der Panoramastraße, gibt es einen Parkplatz.

Die Hochburg bei Emmendingen ist die zweitgrößte Burganlage in Baden.

Hier geht unsere Wanderung los. Dem Weg immer bergauf folgend, kommen wir an herrlichen Streuobstwiesen und Viehweiden vorbei. Wer nach der Burgbesichtigung noch Zeit hat, dem sei der WALDERLEBNISPFAD Wieselweg in Emmendingen empfohlen. Ausgangspunkt dafür ist der Waldspielplatz am Ende der Gartenstraße, hinter dem Kreiskrankenhaus Emmendingen.

Der WALDSPIELPLATZ ist toll. An den den einzelnen Erlebnisstationen ist Geschicklichkeit gefragt. Die Kinder klettern, balancieren, toben und rätseln bis zum Eichbergturm, dem Zielpunkt des 1,5 km langen Erlebnisweges. Eine genaue Beschreibung des Wieselwegs können Sie kostenlos unter www.emmendingen.de, Rubrik »Tourismus« Stichwort »wandern« herunterladen. Und nach getaner Wanderung kann man in Emmendingen beispielsweise ganz gut im Campus einkehren, am Sportfeld. Es gibt günstige Kindergerichte und einen Spielplatz.

32 Simonswald

Idyllische Mühlenwanderung

Bei so vielen tollen Wandermöglichkeiten hat man die Qual der Wahl: Wir entscheiden uns für das schönste Stück des Mühlenwanderwegs. Am Ende gibt's einen Spielplatz und eine Minigolfanlage. An heißen Sommertagen kann man sich im Freibad in Simonswald abkühlen.

Speziell für Kinder: Simons Wunderfitzweg

Eine sehr idyllische Wanderung! Das Simonswäldertal ist ein Seitental der Elz, unweit von Freiburg und bestens geeignet für erlebnisreiche Wanderungen. In Simonswald startet beispielsweise der Mühlenwanderweg. Dieser Weg ist mit seinen 9 km und 300 Höhenmetern doch recht anspruchsvoll und eher für Familien mit älteren Kindern geeignet. Bei der hier

Ausgangs-/Endpunkt: Wanderparkplatz Sägplatz in Simonswald (GPS-Koordinaten: 48.099987, 8.055184)
Anfahrt: Der Parkplatz liegt an der Talstraße, der L 173, in Simonswald.
Weglänge: Teilstück Mühlenweg 5 km; ganzer Mühlenweg 9 km, 300 Hm; Wasseramselweg 10,5 km; Wunderfitz-Weg 1,8 km, ohne Steigung
Sehenswert: Dorfmuseum, Ostern–Allerheiligen Do u. Sa 13.30–17 Uhr; Ölmühle Do u. Sa 10–15 Uhr, Sonderöffnungszeiten für Gruppen ab 10 Personen auf Anfrage Tel. 07683/90 92 57
Einkehr: Gasthaus/Hotel zum Hirschen, Talstraße 11, 79263 Simonswald, www.hirschen-simonswald.de, Mi u. Do Ruhetag, Schwarzwälder Spezialitäten und Vesperteller
Baden: Freibad Simonswald, Karl-Dufner-Straße 6, 79263 Simonswald, Tel. 07683/1009, Mai–Sept tägl. 9–19 Uhr, Erwachsene 3,50 €, Kinder 2 €

In der Ölmühle wurde aus Raps, Mohn und Walnüssen Öl gepresst.

beschriebenen Variante wandert man nur einen Teil, den schönsten, wie ich meine. Start- und Zielpunkt ist der Sägwasenplatz. Hier gibt es schon viel zu spielen: Ein toller SPIELPLATZ und eine MINIGOLFANLAGE mit Kiosk bieten Spiel und Erholung. Unterwegs erwarten Sie noch spannende Wissenstafeln und HISTORISCHE MÜHLEN, die zum Teil besichtigt werden können. In Simonswald gibt es ein hübsches FREIBAD, das Ihnen an heißen Tagen eine willkommene Abkühlung bietet. Wir starten am Sägplatz und gehen links am Grillplatz entlang bis zum Bach, hier wieder links bis zu einer Brücke. Wir queren hier den Bach und kommen zum Eiskeller. Auch bei hochsommerlichen Temperaturen spürt man die Kälte vor dem Eingang. In den sogenannten EISKELLERN kühlte man mit Hilfe von Wasser beispielsweise das Bier der ansässigen Brauereien. Diese Besonderheit ist Teil des Wasseramselwegs, ein Themenrundwanderweg (10,5 km), den man ebenfalls vom Sägplatz aus starten kann. Wir bleiben auf dem Mühlenweg, der nun ansteigt, und kommen nach etwa einem Kilometer zur historischen ÖLMÜHLE, einem wunderschön restaurierten Mühlengebäude aus dem 18. Jahrhundert. Die Mühle wird vom

HEY KIDS, auf Simon's WUNDERFITZ-WEG gibt es für Kinder Schwarzwälder Spezialitäten zu entdecken. Startet an den Tennisplätzen beim Sägplatz.

Simonswälder Brauchtumsverein gepflegt und bewirtschaftet. Donnerstags und samstags ist die Mühle geöffnet. Donnerstags ist BACKTAG, Vesper und Getränke gibt es an den Öffnungtagen auch. Wir folgen von der Öl- mühle der Wegmarkierung für den Mühlenwanderweg, queren die Straße und gehen ein kurzes Stück Richtung Simonswald/Ortsmitte zurück. Wir biegen in die Straße Unterer Felsen rechts ab. Nun geht es steil bergauf durch den Wald auf schmalem Pfad immer der Beschilderung fol- gend bis zur Wehrlehof-Mühle. Wir folgen der Beschilderung für den Mühlenrundwander- weg über einen Hof und dann links einen Grasweg entlang. Wir kommen zum FALLER-HOF, gehen weiter links die Straße Am Neuenberg hi-

nunter und bei der nächsten Gelegenheit rechts auf asphal- tiertem Weg den Schildern nach, bis wir zu einem Bach kommen.

Sehr idyllisch, oder? Blick auf das Simonswälder Tal

Hier geht es am DOBELBÄCHLE entlang, recht steil und spannend hinauf zur Wehrlehof-Mühle. Die Mühle ist zugänglich und kann auch besichtigt werden.

Wir gehen weiter am Teich vorbei, der als Wasserspeicher für die Mühle diente. Wir kommen zu einer asphaltierten Straße und gehen hier links, immer geradeaus bis zur Hauptstraße zurück. Dann an der Touristen-Info vorbei zurück zum Parkplatz, wo sich die Kinder nochmals auf dem SPIEL-PLATZ AUSTOBEN können, während die Eltern am Kiosk eine schöne Tasse Kaffee trinken. Die Kronenmühle, die direkt an den Kiosk grenzt, kann auch besichtigt werden. Fragen Sie im Kiosk nach dem Schlüssel. An heißen Tagen geht's nun ab ins Freibad.

33 Zweribachwasserfälle über St. Peter und St. Märgen

Schwarzwaldromantik pur

Beeindruckend ist hier die wunderschöne Schwarzwälder Landschaft mit ihren malerischen Orten, beispielsweise die Klostergemeinden St. Peter und St. Märgen. Wer zum Zweribachwasserfall möchte, kommt ins Schwitzen, denn alle Wege sind gehörig steil.

Viele Wege führen zum Zweribachwasserfall und alle mit einer gehörigen Steigung. Wer mit Kindern, vor allem mit kleineren, unterwegs ist, startet vielleicht am besten vom Wanderparkplatz am Ende des Zweribachwegs/ Nähe Haldenschwarzhof in Wildgutach. Sind Sie mit dem Auto unterwegs, dann lohnt es sich durch das Glottertal über die Hexenlochmühle zum Ausgangspunkt zu fahren. Vom Wanderparkplatz geht es 1,4 km bergauf

Ausgangs-/Endpunkt: Wanderparkplatz Zweribachwasserfälle (GPS-Koordinaten: 48.042718, 8.104855)
Anfahrt: Der Parkplatz ist von Wilgutach ausgeschildert (wenig auffälliges Holzschild). An sonnigen Wochenenden lohnt es sich, früh da zu sein.
Zum Erleben: Wasserfälle, Hofkapelle Brunnenhof, Hexenlochmühle
Sehenswert: Kloster St. Peter, Geistliches Zentrum, Pforte, Klosterhof 2, 79271 St. Peter Tel. 07660/9101-0, die Barockkirche ist frei zugänglich, Bibliothek und Festsaal nur mit Führungen So u. feiertags 11 Uhr (außer Karfreitag), Di 11 Uhr, Do 15 Uhr, Dauer etwa 1,5 Std., Erwachsene 6 €, Kinder und Jugendliche von 12–18 Jahre 2 €; **Klostermuseum St. Märgen**, Mai–Okt Mi, Do, So, feiertags 10–13 Uhr, Führungen um 10.15 und 11.45 Uhr, außerhalb der Saison nur So u. feiertags, Erwachsene 4 €, Kinder bis 15 Jahre frei
Einkehr: Plattenhof, Fam. Dold, Platte 3, 79271 St. Peter, Tel. 07660/864; Mai–Okt Mi–So 11–22 Uhr, in der Wintersaison nur Fr–So, derzeit ist der Hof im Umbau, ev. geänderte Öffnungszeiten; Hexenlochmühle, Hexenloch 13, 78120 Furtwangen, tägl. 9.30–18 Uhr, Vespergerichte, Kuchen
Baden: Badesee St. Märgen, An der L 128, 79274 St. Märgen, Tel. 07669/93 97 68, geöffnet je nach Wetterlage 9–18 Uhr, Erwachsene 2,50 €, Kinder ab 6 Jahre 1 €, Familienkarte 5 €

Die Zweribachwasserfälle liegen mitten in einem Naturschutzgebiet, umgeben von Bannwald – eine tolle Wanderung!

durch den BANNWALD bis zu einer Wiese mit Hütte und Grillplatz. Hier stand ehemals der Brunnenhof, der Mitte des 18. Jahrhunderts erbaut wurde und im Jahr 1984 fast vollständig abbrannte. Noch erhalten ist die HOFKAPELLE, die heute mit verschiedenen religiösen Symbolen geschmückt ist. Einen schöneren Picknick- und Rastplatz als hier gibt es kaum. Man kann grillen, AM BACH SPIELEN oder gemütlich auf der Liegebank die AUSSICHT genießen. Zu den Zweribachwasserfällen geht es rechts auf schmalem, FELSIGEM PFAD. Eine urige und sehr kinderfreundliche Einkehrmöglichkeit besteht am Plattenhof, einem Bauernhof mit Gastwirtschaft, knappe 2 km vom Wasserfall entfernt. Der Weg führt links vom Wasserfall steil den Berg hinauf. Wir halten uns links, beziehungsweise folgen der Beschilderung. Nach wenigen hundert Metern verlassen wir den Wald und gehen links die wenig befahrene Straße am PLATTENSEE (Baden leider nicht erlaubt) vorbei bis zum Hof. Man kann auch sehr schön vom Wanderparkplatz gegenüber vom Gasthof Engel in Obersimonswald zum

Erkunden Sie die Klosteranlage in St. Märgen!

Zweribachwasserfall wandern (einfache Strecke 4,5 km) oder aber von St. Märgen oder St. Peter durch den Bannwald (einfache Strecke 6 km), was sehr spannend, aber auch sehr steil ist.

Bei der Hin- oder Rückfahrt lohnt sich ein Zwischenstopp im Klosterdorf St. Peter, das auf fast 1000 JAHRE GESCHICHTE zurückblicken kann. Das im Jahr 1093 gegründete Benediktinerkloster kann besichtigt werden. Besonders beeindruckend ist die Rokoko-Bibliothek, die man bei einer Führung bestaunen kann. Rund ums Jahr finden im Klosterhof zahlreiche Märkte und Veranstaltungen statt. Aktuelle Informationen finden Sie unter www.st-peter-schwarzwald.de. Empfehlenswert ist auch St. Mär-

HEXENLOCHMÜHLE

Im Haus gibt es eine kleine Schwarz-waldUhren-Ausstellung und Verkauf von typischen Schwarzwald-Souvenirs, außerdem kann man das Mühlwerk besichtigen.

gen und die hübsche KLOSTERANLAGE mit Klostermuseum. Hier erfährt man allerlei über das Uhrenhandwerk und den Handel, das Leben und Schaffen im Schwarzwald. Gleich neben der Klosteranlage, in der ehemaligen Klosterherberge, gibt es das Café Krone, in dem Sie leckeren Kuchen aus eigener Herstellung genießen können. Im NATURERLEBNISPARK PFISTERWALD, der nicht weit vom Zentrum entfernt und gut ausgeschildert ist, gibt es neben einem hübschen Abenteuerspielplatz und einem Waldlehrpfad auch einen empfehlenswerten Badeteich. Im Winter wird um St. Märgen das beliebte HORNSCHLITTENRENNEN veranstaltet.

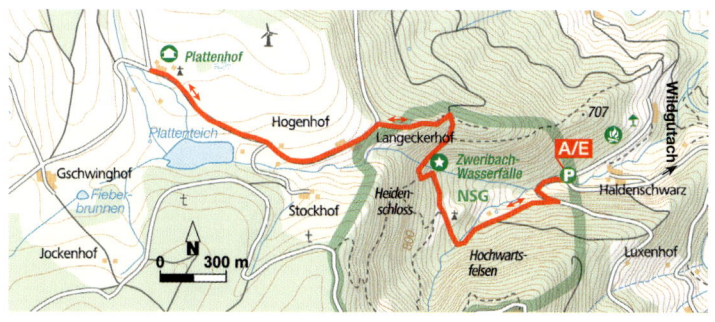

34 Von der Hexenlochmühle zum Balzer Herrgott

Eine echt steile Sache

Eine anstrengende Tour für sportliche Kinder: Wir wandern auf schmalem, felsigem Pfad steil hinauf, kommen am gruselig klingenden Mörderloch vorbei, besuchen den Balzer Herrgott und vespern in der Hexenlochmühle. Seid ihr gut drauf? Los geht's!

Start- und Endpunkt ist die Hexenlochmühle, eine idyllisch im Hexenloch gelegene Sägemühle mit Verkaufsausstellung und Gastwirtschaft. Hier lockt nach der anstrengenden Wanderung ein leckeres Schwarzwälder Vesper. Denn anstrengend ist diese Tour auf jeden Fall! Zunächst geht es auf SCHMALEM, FELSIGEM PFAD steil hinauf, später wandern wir teilweise auf breiten Schotterwegen zum Balzer Herrgott – einer ganz besonderen Sehenswürdigkeit. Von dort geht es über das Mörderloch zurück zum Ausgangspunkt. Die Wanderung ist sehr schön, aber eher etwas für Familien mit älteren Kindern. Wer nicht so viel wandern möchte, kann am Wanderparkplatz Balzer Herrgott sein Auto parken. Von da ist es ein knapper Kilometer bis zum Balzer Herrgott. Direkt an der Hexenlochmühle gibt es ebenfalls eine Parkmöglichkeit.

Wir starten also an der Hexenlochmühle. Der Weg beginnt direkt hinter dem Ausflugslokal. Im Sommer steht ein weißes Festzelt direkt davor, deshalb ist der Einstieg nicht gleicht sichtbar. Zunächst geht es einen steilen Pfad WILDROMANTISCH steil bergauf, wir halten uns rechts, der Beschilde-

Ausgangs-/Endpunkt: Parkplatz an der Hexenlochmühle (GPS-Koordinaten: 48.009165, 8.140545)
Anfahrt: Glottertal über St. Märgen, ausgeschildert, oder B 500 ebenfalls ausgeschildert; ÖPNV Linie Freiburg–Furtwangen 7272, www.suedbadenbus.de
Weglänge: 8,5 km
Sehenswert: Hexenlochmühle, Balzer Herrgott
Einkehr: Hexenlochmühle, Hexenloch 13, 78120 Furtwangen, tägl. 9.30–18 Uhr, Vespergerichte und Kuchen

Die Hexenlochmühle ist Ausgangspunkt für unsere Wanderung zum Balzer Herrgott.

rung folgend, bis wir auf einen breiten Schotterweg kommen. Hier gehen wir links bis zu einem TRINKBRUNNEN. Jetzt können wir entweder den rechten Weg bergauf gehen oder wir folgen der gelben Raute. Rechts kommen wir nach etwa einem Kilometer zu einem idyllisch gelegenen Gehöft, eine HERRLICHE AUSSICHT entschädigt für den anstrengenden Aufstieg. Wir gehen am Gehöft geradeaus vorbei und folgen dem Hinweisschild linker Hand durch den Wald zum BALZER HERRGOTT. Dieser Weg ist allerdings etwas länger. Es gibt viele Geschichten und Vermutungen rund um den Balzer Herrgott. So erzählt man sich, dass um 1900 jemand, vielleicht ein Bauer namens Balthasar, eine Christusfigur aus Sandstein an dem Baum befestigte. Die Figur stammte wohl von einem zum Teil zerstörten Wegkreuz. Der Baum umwuchs die Figur mit den Jahren fast vollständig. Vom Balzer Herrgott aus folgen wir der Beschilderung bergab Richtung MÖRDERLOCH, halten uns links und kommen zur Landstraße. Wir gehen die Straße an der Wilden Gutach entlang, am Sattelhof vorbei bis zur nächsten Kreuzung. Von hier ist es nicht mehr weit zurück zur Hexenlochmühle. Die Straße ist wenig befahren und gut zu gehen.

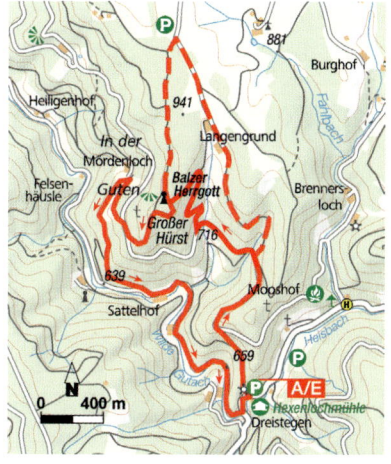

Alpiner Charme am Feldberg:
die Baldenweger Hütte

DER SÜD-SCHWARZWALD

Die Urlaubsregion Südschwarzwald

Südlich von Freiburg bis zur Schweizer Grenze erhebt sich der Schwarzwald zu seinen größten Höhen. Feldberg, Herzogenhorn, Stübenwasen, Belchen, Schauinsland und Blauen sind berühmte Aussichtsgipfel, die Panoramablicke bis zu den Alpen ermöglichen. Die klimatischen Unterschiede zwischen dem milden Breisgau und den Schwarzwaldgipfeln sind groß: Während auf dem Feldberg normalerweise von Ende Oktober bis Anfang Mai eine geschlossene Schneedecke, oft mehrere Meter hoch, liegt, gilt Freiburg im Breisgau als Deutschlands wärmste Stadt und versprüht ganzjährig einen südlichen Charme.

Im Dreisamtal östlich von Freiburg kommen vor allem Liebhaber von Ferien auf dem Bauernhof auf ihre Kosten. Die Feldbergregion selber gehört zu den touristischen Top-Destinationen und zieht entsprechend viele Urlauber an – zu Recht. Seilbahnen erschließen die Gipfel von Schauinsland, Belchen und Feldberg. Titisee, Ravennaschlucht und Todtnauer Wasserfall sind wunderbare Ausflugs- und Wanderziele. Wer es etwas ruhiger mag, geht ein paar Schritte weiter und wird wunderbare Naturoasen entdecken. Touristisch weit gehend unentdeckt und deshalb umso reizvoller ist der

Der Südschwarzwald begeistert Groß und Klein!

Hotzenwald rund um Todtmoos und St. Blasien mit seinen sonnigen Hochtälern und Hochebenen. Als Übernachtungsgast haben Sie übrigens ab der zweiten Übernachtung Anspruch auf die SchwarzwaldCard, die Ihnen die kostenlose Nutzung zahlreicher Angebote ermöglicht, z. B. Ponyreiten, Elektroboot auf dem Schluchsee fahren, Besuch des Thermalbads in Menzenschwand, Museen, Bergwerke, Nutzung der Skilifte, Musik- und Theaterveranstaltungen usw. Zu den absoluten Highlights im Hotzenwald zählen die Klosterkirche in St. Blasien, der Panoramaweg rund um Ibach, der Bergwerk-Themenpfad bei Dachs-

berg, das Schaubergwerk und das Heimatmuseum in Todtmoos und eine Wanderung im wilden Wehratal. Ein Special für Kinder: Im Freilichtmuseum Vogtsbauernhof können wir ein typisches Hotzenwaldhaus von einst besuchen. Typisch für ein derartiges Haus sind das sehr tief gezogene Dach und der Gang, der zwischen Wohnbereich und Außenwand angelegt war. Das sollte besser vor der Kälte in dieser rauen Gegend schützen. Weiter im Osten bietet die eindrucksvolle Wutachschlucht einen dramatischen, die Hochebene der Baar einen weitläufigen, ruhigen Abschluss des Schwarzwalds.

Bächletour durch die Freiburger Altstadt – der perfekte Stadtbummel mit Kindern

35 Freiburg

Bächletour in Deutschlands südlichster Großstadt

Stadtspaziergang mit Kindern – ob das wohl gut geht? Ja, klar, denn Freiburg bietet für Groß und Klein jede Menge Entdeckerspaß. Mit einem Bächleboot an der Schnur können die Kinder die Altstadt nassen Fußes erkunden. Es gibt jede Menge Historisches, kindgerechte Museen, Parks und Spielplätze für eine Verschnaufpause.

Unsere kleine Rundtour startet am Hauptbahnhof. Wir folgen der Eisenbahnstraße, bis wir linker Hand einen kleinen Park und das Colombischlössle

Ausgangs-/Endpunkt: Freiburg im Breisgau, Hauptbahnhof (GPS-Koordinaten: 47.997619, 7.842209)

Anfahrt: A5 aus Basel/Karlsruhe, B 31 und B 294 aus dem Schwarzwald; ÖPNV: ICE von/nach Basel und Karlsruhe, Breisgau-S-Bahn

Weglänge: Stadtspaziergang ca. 1,5 km

Zum Erleben: Freiburger **Münstermarkt** Mo–Fr 7.30–13.30, Sa 7.30–14 Uhr; **Spielzeugladen** Holzpferd, Gerberau 24, Mo–Fr 9–19 Uhr, Sa 10–18 Uhr; **Seepark**, Sundgauallee 12A, 79110 Freiburg; **Schlossberg**, Schlossbergbahn, www.schlossberg-bahn.de, tägl. ab 9 Uhr, letzte Bergfahrt um 22 Uhr, Di um 18 Uhr, Erwachsene 3 €, Kinder ab 6 Jahre 2 €/einfache Fahrt

Sehenswert: **Colombischlössle**, Archäologisches Museum, Rotteckring 5, 79098 Freiburg, Tel. 0761/201-2571, Di–So 10–17 Uhr, Erwachsene 3 €, Kinder 2 €; Museum für Stadtgeschichte, **Wentzingerhaus**, Münsterplatz 30, 79098 Freiburg, Tel. 0761/201-2515, Di–So 10–17 Uhr, Erwachsene 3 €, Kinder 2 €, Familiennachmittage; **Zinnklause** im Schwabentor Mai–Okt Di–Fr 14.30–17 Uhr, Sa–So 12–14 Uhr; **Augustinermuseum**, Augustinerplatz, 79098 Freiburg, Tel. 0761/201-2531, Di–So 10–17 Uhr, Erwachsene 7 €, Kinder 5 €; **Museum Natur und Mensch**, Naturkundemuseum, Gerberau 32, 79098 Freiburg, Tel. 0761/201-2566, Di–So 10–17 Uhr, Erwachsene 5 €, Kinder 3 €

Einkehr: Zähringer Burgruine, Reutebacher Höfe 7, 79194 Freiburg, Kinder-Brunch, Termine s. www.waldrestaurant-zaehringerburg.de; Schlossbergrestaurant Dattler, Am Schlossberg 1, 79104 Freiburg, Tel. 0761/13 71 70-0, Mi–Mo ab 9 Uhr, Frühstück bis 11 Uhr, Mittagessen 12–13.45 Uhr, Abendessen 18–21 Uhr; Greiffenegg Schlössle, Schlossbergring 3, 79098 Freiburg, Tel. 0761/32 72 8, Di–Sa 11–24 Uhr, So u. feiertags 10–24 Uhr, dann auch Brunch 10–14 Uhr, im Winter verkürzte Öffnungszeiten

Hier gefällt es uns: In der Gerberau gibt's viel zu entdecken.

sehen, in dem das ARCHÄOLOGISCHE MUSEUM untergebracht ist. In dem schmucken Gebäude kann man Ausstellungsstücke aus mehreren Jahrtausenden Südbadischer Geschichte bestaunen. Die Ausstellung ist abwechslungsreich und ansprechend gestaltet. Für Familien werden regelmäßige Familiennachmittage angeboten. Weitere Infos gibt's unter www.freiburg.de. Wir gehen weiter geradeaus, queren den Rotteckring und tauchen ein in die Gassen, Gässchen und Straßen der Freiburger ALT-STADT. Die Rathausgasse entlang, am Wallgraben-Theater vorbei, kommen wir zum Rathausplatz. Inmitten dieses schmucken Platzes steht ein BRUNNEN mit der Figur des Franziskanermönches Bertold Schwarz. Dieser soll das SCHIESSPULVER erfunden haben. Das schmucke rote Haus, ein geschichtsträchtiges Gebäude, dessen Ursprung bis ins 13. Jahrhundert zurückreicht, beherbergt das Alte Rathaus. In der Eingangshalle befindet sich die Touristen-Info. Hier können Sie beispielsweise eine Stadtführung buchen; für Kinder gibt es gegen geringes Entgelt den Freiburger KINDER-STADTPLAN mit Infos zu Spielplätzen, Schwimmbädern und allem, was Kinder so interessiert. Links neben dem Alten steht das Neue Rathaus, ein schöner heller Renaissancebau, der bis 1896 als Universität gedient hatte. Täglich um 12 Uhr erklingt vom Turm ein GLOCKENSPIEL. Im Sommer finden im Innenhof Veranstaltungen des Wallgraben-Theaters statt. Warum nicht bei EIS, Kuchen oder Kaffee ein Weilchen die schöne Atmosphäre hier genießen? Weiter geht es auf unserem Rundgang am Gräbele entlang bis zur Kaiser-Joseph-Straße, Freiburgs Bummelmeile. Wir gehen links, gleich darauf wieder rechts und kommen zum Freiburger **MÜNSTER**. Das Freiburger Münster Unserer Lieben Frau ist ein wunderschöner romanisch-spätgotischer Sandsteinbau. Der Turm misst 116 m, 333 Stufen führen hinauf, wo man eine wunderbare Aussicht auf Freiburg genießen kann. Wie durch ein Wunder blieb das Münster im Zweiten Weltkrieg von Bombenangriffen verschont, während die Stadt ringsum in Trümmern lag.

Wir gehen rechts am Münster vorbei und sehen rechter Hand das **HISTORISCHE KAUFHAUS**. Man erkennt es gleich. Das rote, reich verzierte Gebäude diente seit dem 14. Jahrhundert als eine Art Marktverwaltung und Zollstelle. Im Kaisersaal finden rund um das Jahr zahlreiche Veranstaltungen, Konzerte, Tagungen und Vorträge statt. Wenige Meter weiter steht das Wentzingerhaus, in dem das Museum für Stadtgeschichte untergebracht ist. Nicht weniger als **900 JAHRE STADTGESCHICHTE** erwartet die Besucher. Wir gehen am Museum vorbei durch eine enge Gasse und kommen zur Herrenstraße, gegenüber das Erzbischöfliche Ordinariat. Wir gehen rechts und kommen nach wenigen Metern zu einem kleinen Platz mit Brunnen. Schräg gegenüber das Gasthaus Zum Roten Bären, das mit seiner 700-jährigen Tradition wohl **ÄLTESTE GASTHAUS IN DEUTSCHLAND**. Wir gehen links und kommen zum **SCHWABENTOR**. Das Schwabentor war Teil einer mittelalterlichen Wehranlage und wurde 1250 erbaut. Wie das Tor zu seinem Namen kam? Es wird erzählt, dass einst ein schwäbischer Kaufmann mit zwei Fässern voller Gold in die Stadt kam und verlangte, die ganze Stadt zu kaufen. Er wurde von den Bürgern ausgelacht und dies umso mehr, als sich herausstellte, dass in den Fässern nur Sand und Steine waren. Vielleicht hat aber auch das Bild von

MÜNSTER FÜR KIDS

Für Kinder von 8–12 Jahren werden spannende Themenführungen angeboten. Diese finden immer am letzten Freitag im Monat von 15–17 Uhr statt und kosten 3 €. Die Führungen beginnen und enden im c-punkt. Im Internet gibt es jede Menge kindergerechter Infos, Spiele und Geschichten rund um das Freiburger Münster: www.muenster-fuer-kinder.de.

Im Kaisersaal im Historischen Kaufhaus finden rund ums Jahr viele Veranstaltungen statt.

Stadtidylle am Augustinerplatz

120

Matthias Schwäri, auf dem ein Mann mit einem Fuhrwerk dargestellt ist, die Geschichtenerzähler inspiriert. Im Tor befindet sich das ehrenamtlich geführte kleine Museum Zinnklause. Hier sind Zinnfiguren zu sehen. Das Thema der Ausstellung sind die FREIHEITSBEWEGUNGEN in Baden. Wir gehen vor dem Schwabentor rechts, halten uns rechts und biegen rechts in die Gerberau. Wir kommen in den Freiburger Stadtteil, wo einst das Handwerk siedelte. Diese Ecke der Altstadt gehört zu den schönsten, wie ich meine. Hier reckt das Freiburger KROKODIL seinen Kopf aus dem Gewerbekanal, schöne Geschäfte, urige Lokale und hübsche Cafés laden zum Verweilen ein. Wir folgen dem Gewerbekanal, an der Alemannischen Bühne und der Hausbrauerei Feierling vorbei und kommen zum Augustiner Platz. Linker Hand befindet sich das NATURKUNDEMUSEUM. Ein guter Tipp für Regentage. Rechts geht es zum Augustiner Museum, in dem KUNSTSCHÄTZE vom Mittelalter bis zum Barock und Bilder aus dem 19. Jahrhundert zu sehen sind. Wir folgen der Gerberau Richtung Martinstor. Wenige Meter weiter kommen wir an die Kaiser-Joseph-Straße. Wir gehen rechts durch das Martinstor zurück Richtung Altstadt und biegen gleich nach dem Tor links in die Löwenstraße, halten uns rechts und kommen in die Niemensstraße. Vorbei geht es an zahlreichen kleinen Cafés, Restaurants und STUDENTENKNEIPEN. Links von uns befindet sich die UNIVER-SITÄT. Wir queren dann die Bertholdstraße, gehen an der Kirche vorbei weiter die Brunnenstraße entlang und kommen zurück zur Rathausgasse. Hier geht es links zurück zum Bahnhof. Den Spaziergang durch Freiburgs Altstadt kann man sehr schön mit einem Ausflug auf den SCHLOSS-BERG verbinden. Auch gibt es einige reizvolle PARKS, wo man einen entspannten Nachmittag verbringen kann. Besonders der Seepark im Westen Freiburgs ist einmalig. Es gibt einen BADESEE, tolle Spielplätze, einen Aussichtsturm, eine Minigolfanlage und einen JAPANISCHEN GARTEN. Auch ein Spaziergang hinauf zur oder um die Zähringer BURGRUINE ist schön. Wer gerne wandert, sollte – vielleicht an einem zweiten Freiburgtag – unbedingt einen Ausflug mit

HEY KIDS, im Spielzeugladen Holzpferd ist gut Stöbern: Neben aktuellen Spielzeugen gibt es auch jede Menge nachgebaute historische Spielzeuge.

Oben: Colombischlösschen; unten: das Freiburger Krokodil

der SCHLOSSBERGBAHN auf den Schlossberg machen. Im Stadtgarten an der nordwestlichen Ecke der Altstadt befindet sich die Talstation. In knapp drei Minuten sind Sie aus dem Trubel der Stadt mitten im Grünen. Vom Ausflugsrestaurant Dattler geht es einen Serpentinenweg hinauf zum Aussichtsturm. 153 Stufen führen hinauf zu einer einmaligen Aussicht auf Freiburg und das Umland. Der Turm ist durch seine ungewöhnliche Bauweise ein echter Hingucker. Um die 34 m lange Douglasienstämme lehnen sich wie riesige Mikadostäbe an die Stahlkonstruktion. Der Schlossberg hat aber noch mehr zu bieten. Im 11. Jahrhundert stand hier das Burgenhaldenschloss, der Stammsitz der Zähringer Herzöge, der STADTGRÜNDER Freiburgs. Immer wieder wurde die Festungsanlage umgebaut und erweitert, zuletzt in der französischen Besatzungszeit durch den bekannten Festungsbaumeister Vauban Ende des 17. Jahrhunderts. Die Franzosen sprengten bei ihrem Truppenabzug 1744/45 die Anlage so gründlich, dass von der ursprünglichen Burganlage kaum etwas erhalten blieb. Zahlreiche Spazierwege durchziehen den Schlossbergwald; immer wieder entdeckt man Mauerreste. Sie können vom Aussichtsturm auch hinunter zum Greifeneggschlössle spazieren. Vom Biergarten aus haben Sie einen herrlichen Blick auf das Schwabentor und die Freiburger Altstadt. Im Schatten der Kastanienbäume können Sie lecker FLAMMKUCHEN essen und dann wieder in die Altstadt zurück gehen. Infos zu Spazierwegen und Wanderungen finden Sie unter www.schlossberg-bahn.de.

Buntes Markttreiben rund ums Freiburger Münster

36 Schauinsland

Hinauf auf Freiburgs Hausberg

Was für ein passender Name! Vom Schauinsland haben Sie bei guter Wetterlage eine herrliche Aussicht in alle Richtungen – auf den Schwarzwald, auf die Rheinebene und die Vogesen, oft auch auf die Alpen. Am besten fahren Sie mit der Schauinslandbahn zur Bergstation.

Für die Kinder ist es sicher spannend, in der GONDEL so hoch über dem Boden. Die Schauinslandbahn ist mit ihren 3,6 km die längste Umlaufseilbahn Deutschlands. Sonntags um 15 Uhr können Technikbegeisterte an einer Führung im Seilbahnbetrieb teilnehmen. Von der Bergstation, wo auch ein kleiner Spielplatz zur ersten Spielpause einlädt, spazieren Sie zum AUSSICHTSTURM. Hier wäre bereits eine gute Stelle für ein schönes Picknick. Vom Aussichtsturm ist es nicht weit bis zum Besucher-Bergwerk, dem größten BERGWERK im gesamten Schwarzwald. Hier können Sie sich von einem kundigen und engagierten Führer in die Geheimnisse des Bergbaus einweihen lassen. Am Bergwerk vorbei geht auch der Wander-

43 Min.

Ausgangs-/Endpunkt: Talstation Schauinslandbahn, Freiburg (GPS-Koordinaten: 47.937000, 7.863622)
Anfahrt: Aus dem Stadtzentrum (ausgeschildert) bis zur der Talstation; ÖPNV: Stadtbahn 4 bis Günterstal (Endstation), dann Bus 21 bis Horben Schauinslandbahn-Tal
Weglänge: zum Schniederlihof 2 km einfach
Zum Erleben: Downinsland Rollerstrecke Schauinsland, www.rollerstrecke.de, Mai–Juni So u. Feiertag, Juli, Sept–Okt Sa, So u. Feiertag, Aug Mi–So, Start um 14 und 17 Uhr an der **Schauinsland-Bergstation**, Kosten pro Person 25 €, nur Barzahlung möglich; **Schniederlihof** Bauernhofmuseum, Mai–Juni Sa, So und Feiertage 12–16 Uhr, Pfingstferien Di–So 13–16 Uhr, Juli–Aug Sa, So 12–16 Uhr, Di–Fr 13–16 Uhr, Sept–Okt Sa, So und Feiertage 12–16 Uhr, Mi 13–16 Uhr
Sehenswert: Museums-Bergwerk Schauinsland, Mai–Okt Mi, Sa, So 11–15.30 Uhr, Juli–Aug tägl., Familienkarte 20 €, Familien- und Sonderführungen, Infos unter www.schauinsland.de
Einkehr: Café Restaurant Die Bergstation, Schauinsland, www.diebergstation.de, tägl. 9–18 Uhr (Frühstück bis 11.30 Uhr), im Winter verkürzte Öffnungszeiten

Eine Fahrt mit der Seilbahn auf den Schauinsland ist ein tolles Erlebnis.

weg zum **SCHNIEDERLIHOF**, einem sehenswerten Bauernhofmuseum auf der Südseite des Schauinsland, knappe 2 km von Bergstation entfernt und schön zu gehen. Hier können die Kinder sehr anschaulich ein Stück Schwarzwaldgeschichte erleben.

Eine nette Einkehrmöglich-keit besteht direkt an der Bergstation. Neben Kaffee, Kuchen und Vesper gibt es hier auch einen sehr leckeren Eintopf und Flammkuchen. Für Ausflügler mit Sportgeist gibt es die **DOWNHILL-ROL-LERSTRECKE**. Auf Kinder (ab 12 Jahre) wartet eine spannende

SKIFAHREN AM SCHAUINSLAND

Einen aktuellen Schneebericht, Preise für Skipass, Ausrüstung usw. und einen Übersichtsplan finden Sie unter www.skilifte-hofsgrund.de und www.skilifte-haldenkoepfle.de.

etwa 45-minütige Abfahrt zur Talstation. Roller und Schutzbekleidung kön-nen an der Bergstation ausgeliehen werden. Start ist jeweils um 14 und um 17 Uhr. Man sollte aber auf jeden Fall mindestens 20 Minuten eher da sein. Im Winter bieten die **SKIGEBIETE** Hofsgrund und Haldenköpfle Abfahrten in verschiedenen Schwierigkeitsstufen.

37 Höllentalbahn

Immer eine Fahrt wert

Echt spektakulär: Der Zug windet sich durch die steile, wilde Schlucht 500 Höhenmeter hoch in die Berge. Man sieht den Hirschsprung, wo sich ein Hirsch durch einen mutigen Sprung vor einem Jäger gerettet haben soll, fährt durch zahlreiche Tunnel und über das berühmte Ravennaviadukt.

Mit dem Panoramazug geht es von Freiburg über Kirchzarten und Himmelreich durch das enge, schluchtartige HÖLLENTAL. Während der Fahrt hat man tolle Ausblicke: Man kommt am HIRSCHSPRUNG vorbei, einer besonders engen Stelle, wo sich ein Hirsch durch einen mutigen Sprung vor einem Jäger gerettet haben soll, fährt durch zahlreiche Tunnel und über das berühmte Ravennaviadukt nach Hinterzarten und weiter bis Titisee-Neustadt. Da wird schon die Fahrt zum Erlebnis! Lohnenswert ist ein Ausflug zur RAVENNASCHLUCHT,

WIEGE DES SKISPORTS
Im 300 Jahre alten Hugenhof ist Interessantes und auch Kurioses rund um den beliebten Wintersport zu sehen.

Ausgangs-/Endpunkt: Zugfahrt: Freiburg Hauptbahnhof; Wanderung: Hinterzarten Bahnhof (GPS-Koordinaten: Freiburg Hbf: 47.997619, 7.842209; Wanderung: 47.905766, 8.106320)
Anfahrt: Mit der Höllentalbahn (RE) von Freiburg nach Hinterzarten (2 x stündl.)
Weglänge: Naturerlebnispfad 4 km, Hochmoorlehrpfad 2,5 km
Sehenswert: **Skimuseum** Hinterzarten, Im Hugenhof, 79856 Hinterzarten, www.schwarzwaelder-skimuseum.de, Di, Mi, Fr 14–17 Uhr, Sa–So 12–17 Uhr, jeden 2. und 4. Sa im Monat offene Führung (Anmeldung nicht erforderlich) 14 Uhr, Erwachsene 5 €, Kinder bis 16 Jahre frei; **Spielzeugmuseum** Hinterzarten Zum kleinen Hannes Cornelia Klinck-Leimenstoll, 79856 Hinterzarten, Adlerschanze 1, Tel. 07652/98 05 63, www.spielzeugmuseum-hinterzarten.de, Di u. Do 15–18 Uhr,
So u. Feiertag 15–17 Uhr, Erwachsene 3 €, Kinder ab 5 Jahre 1,50 €

Das Ravenna-Viadukt ist eines der Highlights auf der Strecke der Höllentalbahn.

einem Seitental des Höllentals. In Hinterzarten gibt es einiges zu sehen: das SKIMUSEUM, das Feuerwehrmuseum, das Spielzeugmuseum. Auf dem Naturerlebnispfad in Hinterzarten sind alle Sinne gefragt, Der 4 km lange NATURERLEBNISPFAD startet am Kurhaus Hinterzarten; Evernius Flechtel, ein WALDWICHTEL, begleitet uns von Spielstation zu Spielstation. Auf dem 2,5 km langen HOCHMOORLEHRPFAD, Startpunkt ist am Gemeinde-Bauhof, erfährt man Interessantes über Flora und Fauna dieser besonderen Landschaft. Das Hinterzartener Moor kann auch mit einer geführten Wanderung erkundet werden. Infos hierzu bekommen Sie bei der Touristen-Info. In Titisee-Neustadt gibt es tolle Bademöglichkeiten im TITISEE oder im Badeparadies Schwarzwald und daneben vielfältige Ausflugsmöglichkeiten.

HEY KIDS,
wisst ihr, womit eure Großeltern gespielt haben? Im Spielzeugmuseum Hinterzarten erfährt ihr mehr dazu.

127

38 Feldbergwanderung ab Rinken

Von Hütte zu Hütte

Der Feldberg gehört zu den Topausflugszielen der Region. Wir wandern über idyllische Pfade abseits des Rummels und genießen die wilde Bergwelt auf der Nordseite des höchsten Schwarzwaldberges. Urige Einkehrmöglichkeiten gibt's in der Baldenweger und der Zastler Hütte. Eine meiner Lieblingswanderungen im Schwarzwald!

Der Feldberg gehört zu den Top-Reisezielen in der Region. In der Saison sind viele Ausflügler, Wandergruppen, Mountainbiker und ambitionierte Sportler auf den Wanderwegen rund um den höchsten Schwarzwaldgipfel unterwegs. Die beschriebene Tour meidet die breiten fahrradbefahrenen Wege. Es geht idyllisch auf schmalem Pfad zunächst an einem Bach hinauf zur Baldenweger Hütte. Hier wartet nach dem Aufstieg die erste schöne Einkehrmöglichkeit. Oder man geht noch ein paar Meter weiter und genießt

ca. 30 Min. Anfahrt

Ausgangs-/Endpunkt: Wanderparkplatz Rinken (GPS-Koordinaten: 47.887234, 8.029944)
Anfahrt: von Hinterzarten durch die Bahnunterführung, dann zunächst Richtung Alpersbach, später Richtung Rinken/Feldberg
Weglänge: 6 km
Tourencharakter: Die Wanderung führt über schmale Pfade, auf denen auch kleinere Kinder viel Freude haben. Einige wenige Schritte sind etwas abschüssig und mit Vorsicht zu begehen.
Einkehr: Baldenweger Hütte, Baldenweger Buck 24, 79868 Feldberg, Tel. 07676/353, www.baldenweger-huette.de, tägl. ab 10 Uhr, Mo Ruhetag, im Winter verkürzte Öffnungszeiten; als besondere Spezialität gibt es hier Fleisch und Gemüse vom heißen Stein; **Naturfreundehaus**, Am Baldenweger Buck, 79868 Feldberg, Tel. 07676/336, www.naturfreundehaus-feldberg.de, Bewirtung Sa/So u. feiertags, in den Schulferien BW ganztags geöffnet, Di Ruhetag; vorrangig Bioprodukte, Kinderfreizeiten, im Winter verkürzte Öffnungszeiten; **Zastler Hütte**, mitten im Naturschutzgebiet, Tel.07676/244, www.zastler-hütte.de, tägl. 10–17 Uhr, Do Ruhetag, im Winter verkürzte Öffnungszeiten

vom Naturfreundehaus den Blick auf den Feldberg, während sich die Kinder auf dem kleinen SPIELPLATZ vergnügen. Dann geht es weiter hinunter durch den Wald zur Zastler Hütte. Hier gibt es eine weitere urige Einkehr-

Über Stock und Stein geht es hinauf zur Baldenweger Hütte.

möglichkeit. Auf dem schmalen Pfad von der Zastler Hütte zurück zum Rinken ist Schwindelfreiheit gefragt. Der Weg ist aber auch mit kleineren Kindern gut machbar. Ein wenig vorsichtig sollte man an einigen Stellen aber schon sein.

Bereit? Los geht's: Vom Wanderparkplatz am Rinken gehen wir zunächst am Jägerheim vorbei Richtung Wald. Wir lassen den kleinen Spielplatz, der im Rahmen eines Jugendprojektes 2012 entstanden ist, rechter Hand liegen und gehen in Richtung Raimartihof. Der Raimartihof ist übrigens auch ein schönes Ausflugsziel und von hier aus gut mit einem Kinderwagen erwanderbar. Unser nächstes Etappenziel ist die Baldenweger Hütte. Nach wenigen hundert Metern biegen wir vor der Holzbrücke rechts ab und kommen über wenige Treppenstufen auf den Pfad, der am BACH entlang zur BALDENWEGER HÜTTE führt. Achtung, nicht an der ersten Wegkreuzung

die ausgeschilderte Straße hinauf zur Baldenweger Hütte nehmen! Durch HEIDELBEER-GESTRÜPP, über Wurzeln und Steine geht es spannend hinauf bis wir aus dem Wald auf eine Weide kommen und bald auch zur Baldenweger Hütte. Diejenigen, die kürzer wandern möchten, gehen an der Hütte geradeaus bis zum Naturfreundehaus. Hier geht es an einem kleinen Spielplatz vorbei in den Wald auf direktem Weg zur Zastler Hütte. Wer möchte, kann auch über den FELDBERG-GIPFEL zur Zastler Hütte wandern – eigentlich die schönere Variante. Der Weg zum Gipfel führt bei der Baldenweger Hütte links in Serpentinen den Berg hinauf, der Beschilderung folgend. Oben angekommen haben wir eine einmalige Aussicht auf den Schwarzwald, bei guter Wetterlage kann man sogar DIE ALPEN SEHEN. Der Feldberg ist mit seinen 1493 m der höchste Berg im Schwarzwald.

Beim Naturfreundehaus unterhalb vom Feldberggipfel

Seinen Namen hat er, weil der Gipfel nicht bewaldet ist, eben wie ein Feld. In der letzten Eiszeit bedeckte ein GROSSER GLETSCHER den Schwarzwald. Die eiszeitlichen Einflüsse sind vielerorts zu sehen. Am Feldberg ist es der Feldsee, ein Karsee, der in dieser Zeit entstanden ist. Auch das FELDSEEMOOR ist durch glazialen Einfluss entstanden. Wer sich für die Natur rund um den Feldberg und ihre Entstehung interessiert, dem sei die Ausstellung im Haus der Natur bei der Seilbahn empfohlen. Wir gehen weiter auf einem recht breiten, gekiesten Weg Richtung WET-

TERSTATION. Beim Aussichtspunkt am Turm stehen Bänke für eine Rast bereit. Eine Tafel erklärt die Aussichtspunkte ringsherum. Ausgeruht geht es den Schildern nach hinunter zur Zastler Hütte. Immer wieder haben wir einen schönen Blick auf unser nächstes Ziel. Die Zastler Hütte befindet sich im sogenannten Zastlerloch, einem KAR, das ebenfalls in der letzten EIS- ZEIT entstanden ist. Sie wurde ursprünglich als Viehhütte genutzt und ist heute ein beliebtes Ausflugsziel. Kurz bevor wir die Zastler Hütte erreichen, kommen wir an einem kleinen WASSERFALL vorbei und überqueren auf HOLZSTEGEN ein kleines Moor. An der Zastler Hütte können wir gemüt- lich rasten und vielleicht ein deftiges Schwarzwälder Vesper genießen. Wei- ter geht es ein Stück die Fahrstraße hinunter. Nach etwa 200 m zweigt rechts ein schmaler Pfad ab, der zunächst steinig über ein GERÖLLFELD, später wurzelig durch den Wald eben am Berg entlang zurück zum Rinken führt. Der beschriebene Weg führt zum Teil am Naturlehrpfad entlang. Immer wie- der gibt es Infotafeln, die auf die Besonderheiten der Landschaft hinweisen. Weitere Infos und eine Übersichtskarte des gesamten Naturlehrpfads finden Sie unter www.schwarzwald.region.org, Stichwort »Feldberg/Wandern«.

39 Zum Raimartihof und an den kreisrunden Feldsee

Perle am höchsten Schwarzwaldgipfel

Die Wanderung ist mit ihren 6 km nicht lang, aber ganz schön anstrengend und wunderschön. Am Raimartihof gibt es deftiges Schwarzwälder Essen oder Eis und Kuchen. Dann geht es zum Feldsee – eine einzigartige Perle der Natur. Im Kletterwald warten weitere Herausforderungen für bewegungsfreudige Kids.

Wir starten am Feldberger Hof und sind bald dem Trubel und bunten Treiben rund um die Talstation der Feldbergbahn entronnen. Wir wandern den Ernst-Maurer-Weg hinunter zum Raimartihof. Immer wieder gibt es tolle Möglichkeiten, eine Spiel- und KLETTERPAUSE einzulegen. Am Raimartihof wird deftiges Schwarzwälder Essen serviert; Naschkatzen fühlen sich hier bei Eis und Kuchen auch wohl. Dann geht es zum Feldsee. Die Natur hier

ca. 14 Min.

Ausgangs-/Endpunkt: Wanderparkplatz beim Haus der Natur (GPS-Koordinaten: 47.860751, 8.035141)
Anfahrt: B 317, an schönen Wochenenden kann es auf dem Wanderparkplatz voll werden – dann finden Sie vor dem Abzweig Feldberg weitere Parkmöglichkeiten und ein Shuttlebus bringt Sie zum Ausgangspunkt; ÖPNV: RE bis Feldberg-Bärental, dann weiter mit Bus (2 x stündl.)
Weglänge: Rundweg 6 km, Wichtelpfad 2 km
Tourencharakter: einfache, aber recht anstrengende Wanderung, nur mit gutem Schuhwerk aufbrechen
Zum Erleben: Kletterwald Feldberg: Parcours in verschiedenen Schwierigkeitsgraden und schöner Abenteuerspielplatz, Doktor-Pilet-Spur 1, 79868 Feldberg, www.kletterwald-feldberg.com, Mitte April–Okt 10.30–17 Uhr, besondere Öffnungszeiten in den Ferien, letzter Einlass 2,5 Std. vor Schluss; Erwachsene 15 €, Kinder ab 6 Jahre 12,50 €, Kinder ab 4 Jahre (Kleinkindparcours) 10 €
Sehenswert: Haus der Natur, Doktor-Pilet-Spur 4, 79868 Feldberg, www.naz-feldberg.de, tägl. 10–17 Uhr, Mo geschlossen, Erwachsene 3 €, Kinder ab 6 Jahre 2 €
Einkehr: Feldberger Hof; Raimartihof, Raimartihofweg 12, 79868 Feldberg, www.raimartihof.de, Juni–Nov tägl. 9–19 Uhr, Jan–Mai, Di Ruhetag, im Sommer gern besuchte Gartenwirtschaft, im Winter urige Vesperstube, kleiner Spielplatz am Hof

Kletterpause auf dem Weg zum Raimartihof

ist wirklich einmalig. Baden ist aber aus Naturschutzgründen nicht erlaubt. Dann heißt es Kräfte sammeln für den Aufstieg. Oben angekommen haben diejenigen, die sich noch nicht müde gewandert haben, viele Möglichkeiten. Im Haus der Natur erwartet uns eine interessante Ausstellung mit vielen interaktive Wissensstationen. Im Kletterwald Feldberg warten weitere Herausforderungen. Es gibt den Feldberger Wichtelpfad zu erkunden oder wir fahren noch mit der SEILBAHN zum Gipfel hinauf und genießen die herrliche Aussicht. Mehr als genug für einen Ausflugstag!

Nun aber Schritt für Schritt: Vom Parkplatz aus gehen wir an der Talstation vorbei Richtung Wald. Hier gabelt sich der Weg. Beide Wege

HEY KIDS, im Haus der Natur erwartet euch ein RANGER, der echt viel weiß. Außerdem gibt's eine 3-D-Show, ein Tierquiz und vieles mehr.

133

führen zum Raimartihof. Da die Wanderung ein Rundweg ist, kann man den Weg gut in beide Richtungen gehen. Wer nicht gerne steil bergab wandert, geht nun rechts (Raimartihof 3,5 km). Bald schon haben wir von einer Bank aus einen schönen Blick auf unser erstes Ziel: den RAIMARTIHOF. Der Hof wirbt mit typisch alemannischer Schwarzwälder Gastlichkeit seit 1892 und tatsächlich ist es ein Hof mit Tradition. Wir folgen dem Weg immer bergab, dann halten wir uns links. Wir kommen zu einer

BEQUEM ZUM GIPFEL
Feldbergbahn mit 8er-Kabinen, Doktor-Pilet-Spur 17, 79868 Feldberg, www.feldbergbahn.de, tägl. 9 – 17 Uhr, saisonal abweichende Öffnungszeiten; Erwachsene: Berg- und Talfahrt 9,50 €, Kinder 6,60 €; Kinderwägen und Hunde können mitgenommen werden.

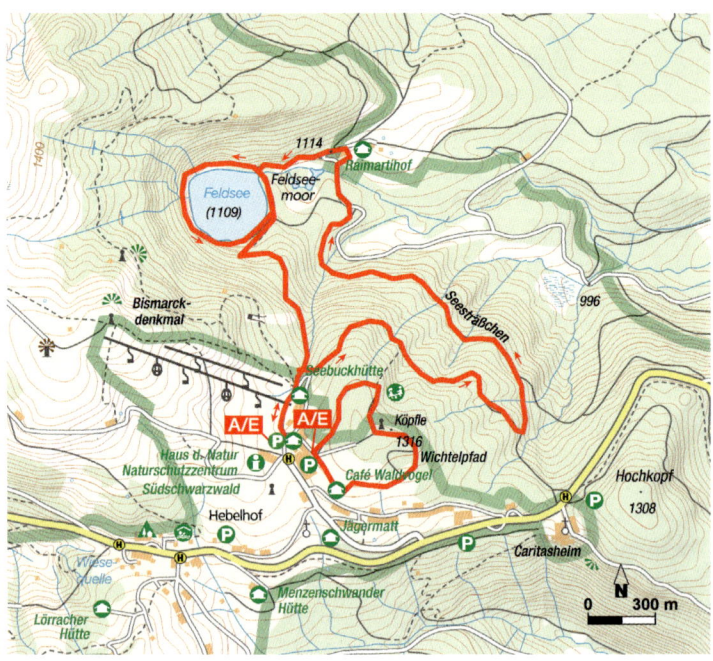

Kreuzung und gehen geradeaus, verlassen den Wald und kommen kurze Zeit später zum Gasthof. Nach einer ausführlichen Pause geht es weiter zum FELDSEE, der Beschilderung folgend. Der Feldsee ist ein sogenannter Karsee, der in der letzten Eiszeit entstanden ist. Kare und Karseen sind kesselförmige Vertiefungen und entstehen am Fuße von Gletschern. Das GLETSCHER-EIS wandert talwärts und führt Geröll und Gesteinsbrocken mit sich, die eine Eintiefung ausschürfen. Der Feldsee ist von oben betrachtet fast kreisrund und wird vom SEEBACH durchflossen. Unterhalb des Sees befindet sich das FELDSEEMOOR, ein einzigartiges Naturschutzgebiet. Wer möchte, kann den Feldsee umwandern und hat so die Möglichkeit, den See immer wieder aus neuen Perspektiven zu betrachten. Dann geht es in Serpentinen auf STEINIGEM PFAD hinauf zum Ausgangspunkt. Der Weg ist anstrengend, aber auch spannend zu gehen. Wer gerne mehr über die Natur und die Tiere am Feldberg erfahren

Oben: Am Feldsee; unten: auf ins Museum – Haus der Natur

möchte, kann im HAUS DER NATUR die interessante und kindgerechte Ausstellung besuchen. Das Haus der Natur befindet sich gut sichtbar am Parkplatz. Der WICHTELPFAD startet hinter dem Feldberger Hof. Von der Straße aus sieht man schon den lustigen Wichtel, der an der Anfangsstation auf die Kinder wartet. Der knapp 2 km lange Wichtelpfad ist vor allem für jüngere Kinder interessant. Die Kinder begleiten Velt, den Feldbergwichtel, und seine Freunde auf der Suche nach Anton AUERHAHN. Für Kinderwägen ist der Weg ungeeignet. Wer möchte, kann im Haus der Natur eine Rückentrage ausleihen und einen Übersichtsplan bekommen.

40 Ausflug Titisee

Der bekannteste See im Schwarzwald

Man spaziert am See, schwimmt, unternimmt eine Bootsfahrt oder mietet sich ein Tretboot. Zahlreiche Cafés im Ort locken mit Eis und Kuchen. Actionhungrige toben sich im Kletterpark, beim Paddeln, auf den Erlebnisrutschen oder beim Zorbing aus. Im Strandbad kann man die Ausrüstung für Stand-up-Paddling und Kajaks mieten.

Der Titisee ist das perfekte Ausflugsziel für heiße Sommertage. Zahlreiche Wanderwege locken, die Schönheiten des Südschwarzwaldes zu entdecken. Auf dem Seerundweg können Sie den See und seine Umgebung am besten kennen lernen. Der 8 km lange Rundweg startet am Kurhaus Titisee, ist abwechslungsreich, mit schöner Bademöglichkeit im STRANDBAD und

Ausgangs-/Endpunkt: Titisee-Neustadt Bahnhof (GPS-Koordinaten: 47.910457, 8.210587)
Anfahrt: B 31 oder B 500; ÖPNV: RE ab Freiburg
Weglänge: Seerundweg 8 km, Hochfirst 6 km
Zum Erleben: Action Forest Kletterwald, Neustädter Straße 41, 79822 Titisee-Neustadt, geöffnet saison- und witterungsbedingt, aktuell unter www.action-forest-kletterwald.de, Erwachsene 25 €, Jugendliche ab 14 Jahre 22 €, Kinder ab 1,10 m 17 €; Angebot im Strandbad: Ausrüstung für SUP 30 Min: 10 €, **Kajakausrüstung** ab 10 €/30 Min; **Zäpfle-Bähnle**, tägl. 10–16 Uhr, Abfahrt etwa im 90-Minuten-Takt vor der Gaststätte Pferdestall in Titisee, Erwachsene 7,50 €, Kinder ab 5 Jahre 3,50 €, Hunde 2,50 €
Sehenswert: Märklin World Titisee, 79822 Titisee-Neustadt, Seestrasse 21/1, April–Okt tägl. 11–19 Uhr, in den Ferien BW u. Nebensaison 12–18 Uhr, Erwachsene 6 €, Kinder bis 14 Jahre 3 €, 150 Jahre Märklin Geschichte auf 400 m; **Museum für alte Landtechnik**, Bruderhalde 31, 79822 Titisee-Neustadt, Tel. 07652/5888, www.alte-landtechnik.de, Do 14–17 Uhr, Eintritt 3 €
Baden: Strandbad, Strandbadstraße 15, 79822 Titisee-Neustadt, wetterabhängig Mitte Mai–Mitte Sept tägl. 9–19 Uhr, Erwachsene 3,80 €, Kinder 2,20 €, direkt am See gelegen, große Spiel- und Liegewiese, Schwimmfloß, Sportschwimmbecken
Einkehr: Berggasthof Hochfirst, Auf dem Hochfirst 10, 79822 Titisee-Neustadt, www.berggasthaushochfirst.de, tägl. 11–19 Uhr, Di 11–15 Uhr, im Winter verkürzte Öffnungszeiten

Wasserspaß auf oder im Titisee?

bestens ausgeschildert. Sie können bei der Touristen-Info einen Übersichtsplan bekommen. Schön ist auch eine Wanderung zum HOCHFIRST, dem Hausberg von Titisee. Oben gibt es ein nettes Ausflugsrestaurant und einen Aussichtsturm. Eine tolle Wanderung hinauf zum Hochfirst startet in Saig, einem Ortsteil von Titisee-Neustadt, am Haus des Gastes. Die Tour ist knapp 6 km lang und mit Kindern gut zu machen. Den Ort Neustadt mit seinen Sehenswürdigkeiten lernen Sie am besten bei einer »erlebnisreichen Neustadttour« kennen. Dieser UNGEWÖHNLICHE STADTBUMMEL führt an interessanten, informativen, ungewöhnlichen und witzigen Stationen vorbei. Ein Flyer mit Übersichtskarte bekommen Sie in der Touristeninformation oder können ihn unter www.titisee-neustadt.de kostenlos herunterladen. Eine weitere Attraktion ist das ZÄPFLE-BÄHNLE, ein Ausflugszug, der Sie durch malerische Schwarzwaldlandschaft zur Fürsatzthöhe hinauf bringt. Von hier können Sie, wenn Sie wollen, gemütlich zurück nach Titisee zurückwandern.

Für Freunde der MODELLEISENBAHN wird in der Märklin-World Titisee einiges geboten. Technikfreunde finden im Museum für LANDMASCHINEN in der Scheune des 400 Jahre alten Bankenhof einige interessante Raritäten. Der Titisee ist übrigens, genau wie der Feldsee, in der letzten Eiszeit entstanden. Er wird vom Seebach gespeist. Seinen Namen hat der See wohl von einer Sage. In anderen Regionen bringt der Klapperstorch die Babys. Hier erzählte man sich, dass die Kinder aus dem unergründlich tiefen und geheimnisvollen See kämen. »Titi« stammt von »Teti«, was im alemannischen Dialekt soviel wie Kindlein bedeutet.

41 Schluchsee

Stausee im Südschwarzwald

Der Schluchsee ist ein Wasserparadies für Jung und Alt: Hier lässt sich's hervorragend plantschen, rudern und entspannen. Wie überall im Schwarzwald sind auch hier erstklassige Wanderungen möglich. Und im Winter locken tolle Langlaufloipen und tief verschneite Tannenwälder.

Käpt`n Ahoj!

Der Schluchsee hat seinen Namen wohl von seiner schlauchartigen Form. Ursprünglich befand sich hier ein deutlich kleinerer Gletscherkarsee, der vor rund 85 Jahren zur Energiegewinnung aufgestaut wurde. Über 7 km lang und ungefähr 1,5 km breit ist der See, der im Sommer nicht nur für Angler, Taucher und Segler ein beliebtes Ausflugsziel ist. Für Familien mit Kindern gibt es hier einiges

Ausgangs-/Endpunkt: Schluchsee (GPS-Koordinaten: 47.816732, 8.177823)
Anfahrt: B 500; ÖPNV: RE aus Freiburg/Titisee-Neustadt bis Aha, Schluchsee oder Seebrugg
Weglänge: Rundweg 18 km, Schluchsee–Aha 6 km, Jägersteig 11 km
Zum Erleben: Spaß Park Hochschwarzwald, Fischbacher Straße 16, 79859 Schluchsee, Tel. 0162/294 43 47, www.spass-park-hochschwarzwald.de, Erwachsene 8 €/3h, Kinder 5 €, einige Attraktionen kosten extra, wetterabhängig 22. Jan.–1. März tägl. 10–16 Uhr, 5. Mai–1. Nov 10–18 Uhr, Mi geschlossen, Sonderregelungen in den Schulferien, am besten informieren Sie sich aktuell auf der Webseite; **MS Schluchsee**: Das Fahrgastschiff fährt von Mai–1. Nov tägl. im Linienverkehr (6 Fahrten), aktueller Fahrplan unter www.seerundfahrten.de, Familienkarte 25 €, Hunde 1,50 €
Baden: Aqua Fun, Freiburger Straße 16, 79859 Schluchsee, Tel. 07656/7731, wetterabhängig Mai–Sept tägl. 9–19 Uhr, Erwachsene 4 €, Kinder ab 6 Jahre 2,70 €

Am Schluchsee können Sie Ruderboote und auch Elektroboote mieten.

zu entdecken. Zahlreiche NATURSTRÄNDE laden zu einem erfrischenden Bad; für BADESPASS ist im »Aqua Fun« gesorgt. Das Freibad, direkt am See gelegen, lockt mit einer über 100 m langen RUTSCHBAHN und einem schönen Abenteuerspielplatz. Wer möchte kann sich ein Tret- oder RUDERBOOT oder ein Elektroboot mieten und so den See erkunden. Bootsverleihe gibt es mehrere, einen beispielsweise direkt am Strandbad unweit des Bahnhofs. Versuchen Sie es doch einmal als STAND-UP-PADDLER. Es ist gar nicht so einfach, auf einem Surfbrett stehend zu paddeln und dabei Haltung und Balance nicht zu verlieren. Die Ausrüstung können Sie beispielsweise bei RAFFTAFF mieten, der Verleih befindet sich von

Schluchsee aus über die Brücke an der Amalienbucht. Ein 18 km langer Weg führt rund um den See, ideal für eine gemütliche FAHRRADTOUR. Oder Sie wandern von Schluchsee nach Aha und fahren mit dem FAHRGASTSCHIFF wieder zurück. Unterwegs gibt es immer wieder schöne Plätze zum

Der Schluchsee ist ein Wasserspeicher. Die Pegelhöhe kann je nach Wetterlage und Stromproduktion sehr stark schwanken.

Verweilen, Picknicken und Baden. Die Strecke ist knapp 6 km lang, ohne Steigung und auch mit dem Kinderwagen gut zu machen. Sie starten beispielsweise am Bahnhof Schluchsee, gute Parkmöglichkeit hier, und folgen der Beschilderung für den Seerundweg Richtung Aha. Von Aha geht es dann mit der MS Schluchsee zurück, die Anlegestelle in Schluchsee befindet sich am Strandbad, unweit des Bahnhofs. Anschließend können Sie noch den kleinen Kurort erkunden. Im Kurhaus befindet sich ein SPIELZIMMER für Kinder. Wer gerne mehr wandern möchte, dem sei der 11 km lange JÄGERSTEIG empfohlen. Der ausgezeichnete Premiumwanderweg startet am Wanderparkplatz »Im Wolfsgrund« und führt westlich vom Schluchsee hinauf auf den Ahaberg, immer wieder hat man herrliche Ausblicke auf den See, dann über Unter-Aha am See entlang wieder zurück zum Ausgangspunkt. Eine detaillierte Beschreibung mit Tourkarte zum Herunterladen finden Sie unter www.suedschwarzwald.biz, Rubrik »Schluchsee«. Ein besonderes Erlebnis bietet der Spaß Park Hochschwarzwald. Hier können Rodelfreunde sommers

Auf dem Spazierweg von Schluchsee nach Aha

wie winters auf witzigen RODELGERÄTEN den Hang hinuntersausen. Übrigens: Nur etwa 7 km sind es vom Schluchsee zur BADISCHEN STAATSBRAUEREI ROTHAUS, wo das berühmte TANNENZÄPFLE gebraut wird. Die Brauerei kann im Rahmen einer Führung besichtigt werden. Wenige hundert Meter von der Staatsbrauerei kann das Bauernhausmuseum Hüsli, vielen bekannt aus der Serie SCHWARZWALD-KLINIK als Doktor Brinkmanns Wohnhaus, besichtigt werden. Für Kinder gibt es den einfallsreichen Schlühüwanapark zu entdecken. Geschnitzte WALDGEISTER und zahlreiche Erlebnisstationen gibt es auf dem Themenpfad zu finden – ganz in der Nähe bietet der naturromantische Schlüchtsee mit BADESTRAND eine erfrischende Abkühlung an heißen Sommertagen.

42 Die Hochtäler von Menzenschwand und Bernau

Eldorado für Naturfreunde und Genießer

Den Naturfreund erwartet in diesem abgelegenen, sonnenverwöhnten Hochland Schwarzwaldgenuss erster Güte: Mit Kindern besonders empfehlenswert ist der Menzenschwander Geißenpfad. Auf der Krunkelbachhütte zwischen Spießhorn und Herzogenhorn erleben Sie alpine Hüttenromantik mit Weitblick.

Bekannt ist das romantische Schwarzwaldtal für seine malerischen Häuschen und vor allem für das Winterhalter Museum. Den Naturfreund erwartet Schwarzwaldgenuss erster Güte! So können Sie beispielsweise einen gemütlichen Spaziergang zu den Menzenschwander WASSERFÄLLEN machen oder wandern einen der zahlreichen Rundwege. Mit Kindern besonders empfehlenswert ist der Menzenschwander GEISSENPFAD, der mit dem Siegel Genießerpfad ausgezeichnet ist: 10 km Wanderspaß. Anschließend können Sie im überaus gemütlichen CAFÉ ZUM KUCKUCK einkehren, wo es neben den klassischen KÄSSPÄTZLE und Maultaschen auch leckere Spezialitäten vom Ziegenkäse gibt. Ausgangspunkt ist der

Ausgangs-/Endpunkt: Bernau-Hinterdorf (GPS-Koordinaten: 47.833047, 8.066283), Menzenschwand
Anfahrt: Aus Schönau/Todtnau oder St. Blasien, jeweils auf der L 149; ÖPNV: RE bis Schluchsee, dann mit Bus über St. Blasien
Weglänge: 10 km
Sehenswert: Winterhalter Museum Menzenschwand, Le Petit Salon, im alten Rathaus, Hinterdorfstraße 15, 79837 Menzenschwand, www.winterhalter-menzenschwand.de, Mi–So 14.30–17 Uhr, Erwachsene 3 €
Einkehr: Café zum Kuckuck, Krunkelbachhütte, weitere in Bernau und Menzenschwand
Baden: Radon Revital Bad, St. Blasien-Menzenschwand, In der Friedrichsruhe 13, 79837 St. Blasien, www.radonrevitalbad.de, tägl. 10–21 Uhr, Erwachsene 11 €, Kinder ab 4 Jahre 6 €

Mösle-Parkplatz im Hinterdorf. Am Parkplatz gibt es eine Übersichtskarte und weitere Tourenvorschläge. Vom Parkplatz ist es nur ein Kilometer bis zum Café Kuckuck. Gleich hinter dem Café befindet sich der Wasserfall. Alle

Wandern im Menzenschwander Tal ist einfach Idylle pur!

Tourdaten zum Geißenpfad finden Sie unter www.hochschwarzwald.de/Media/Touren/Geniesserpfad-Menzenschwander-Geissenpfad. Auch das KRUNKELBACHTAL und das SCHEIBENLECHTENMOOS, ein verlandetes Hochmoor, belohnen den fleißigen Wanderer mit wunderschönen Naturerlebnissen. Machen Sie auch einen Spaziergang durch den Kurort Menzenschwand. Es gibt wunderschöne traditionelle SCHWARZWALD-HÄUSCHEN und blühende BAUERNGÄRTEN zu bewundern. Im Winter ist Menzenschwand ebenfalls ein sehr beliebter Urlaubsort: Er bietet ein gut ausgebautes Netz an Winterwanderwegen und Loipen, FIS-Abfahrten, ein SKISPRINGSTADION und die Skiregion Feldberg ist nicht weit.

43 St. Blasien

Ein Hauch von Rom

Sie können den Besuch des imposanten Doms in St. Blasien wunderbar mit einer kleinen Wanderung verbinden: Dom, kleiner Wasserfall, Wildgehege – da ist für jeden etwas dabei. Und für die Abenteuerlustigen halten die Naturkletterfelsen echte Herausforderungen bereit.

Der riesige und weithin bekannte DOM wirkt in dieser kleinen Gemeinde im beschaulichen Albtal irgendwie fehl am Platz – und beeindruckend. Beeindrucken sollte er wohl auch die Menschen damals. Die Benediktinerabtei spielte eine wichtige Rolle bei der Besiedlung des Schwarzwalds. Ein Besuch lohnt sich wirklich sehr. Das klassizistisch schlichte Innere aus weißem Marmor ist sehr schön. Regelmäßig werden Führungen angeboten. Sie können den Besuch dieses imposanten Bauwerks wunderbar mit einer

Ausgangs-/Endpunkt: St. Blasien Busbahnhof (GPS-Koordinaten: 47.761724, 8.125281)
Anfahrt: B 500 und L 149; ÖPNV: Bus ab Schluchsee oder Waldshut
Weglänge: ca. 6 km mit Wildgehege
Sehenswert: Dom St. Blasius, Am Kurgarten 13, 79837 St. Blasien, Domführungen immer Fr um 14.45 Uhr, Treffpunkt an der Touristeninformation, Mai–Okt auch Mi 10.45 Uhr, 3 €
Einkehr: Claudio's Eis Café & Bar, Hauptstraße 21, 79837 St. Blasien, Mo Ruhetag

kleinen Wanderung zum Wasserfall und zum Wildgehege verbinden. An den Naturkletterfelsen können sich sowohl Anfänger als auch Kletterfahrene ausprobieren.

Wir beginnen unsere Tour am Dom. Von hier aus gehen wir über das Flüsschen Alb und folgen der Hauptstraße flussabwärts, bis nach etwa 200 Metern links die Friedrichstraße abzweigt. Wir folgen der Friedrichstraße weitere 150 Meter, bis links ein Stichweg abzweigt. Wir folgen der Beschilderung für den SCHLUCHTENSTEIG, halten uns rechts und gehen einen schmalen Waldweg entlang, bis wir zur Windbergschlucht kommen. Der

Der Windberg Wasserfall ist zwar nicht so spektakulär, aber unsere kleine Rundwanderung lohnt sich trotzdem sehr.

Name »Schlucht« mag Erwartungen wecken. Nun, es ist eher ein Schlüchtchen, aber sehr schön zu gehen und die feucht-moosige Waldatmosphäre an einem WILDBACH ist immer faszinierend. Wir gehen bergauf am kleinen WASSERFALL vorbei und kommen auf eine Wegkreuzung; geradeaus geht es zum Windberghof, rechts nach Blasiwald, was auch eine schöne Tour ist. Ein Abstecher zum Windberghof lohnt sich sehr. Auf diesem romantischen und herrlich gelegenen Hof können Sie von Mai bis Oktober Ziegenmilchprodukte kaufen, die hier nach ökologischen Grundsätzen hergestellt werden. Wir aber gehen scharf links, bergab und kommen bald zum WINDBERGFELSEN. Die Windbergfelsen sind die hauseigenen Kletterfelsen St. Blasiens, die vom Skiclub St. Blasien betreut werden. Saisonal werden auch KLETTERKURSE angeboten. Weitere Infos finden Sie unter www.skiclub-stblasien.de, Stichwort »Klettern«. Wenige Meter nach dem Windbergfelsen zweigt rechts ein Waldweg ab. Wer möchte, folgt diesem bis zum Philosophenweg und weitere vier Kilometer zum WILDGEHEGE.

Unglaublich: Die dritthöchste Kuppelkirche Europas steht in St. Blasien!

Im frei zugänglichen Wildgehege gibt es vor allem Hirschwild zu sehen: Sikahirsche, Damhirsche, Rothirsche. An der Robert-Zeiher-Hütte beim Wildgehege gibt es einen kleinen SPIELPLATZ und es kann gegrillt werden. Anschließend kann man die Muchenländer Straße an der Klinik vorbei zurück nach St. Blasien gehen. Wer lieber gleich zurück nach St. Blasien und dort vielleicht noch ein Eis oder Stück Kuchen schlemmen möchte, geht einfach nach dem Windbergfelsen weiter die Bötzbergstraße bergab, dann rechts bis zur Alb. Im Claudio Café Eis & Bar gibt es leckeres ITALIENISCHES EIS.

Übrigens: Von St. Blasien sind es keine 30 Kilometer bis nach WALDSHUT-TIENGEN. Diese Doppelstadt hat eine wunderschöne historische Altstadt, die auf jeden Fall einen Besuch wert ist. In Waldshut gibt es auch eine sehr schöne RHEINPROMENADE, auf der es sich herrlich bummeln lässt. Die Top-Sehenswürdigkeiten in Waldshut-Tiengen sind neben den sehenswerten Stadtzentren das Schloss und das Klettgau Museum, das Heimatmuseum Alte Metzig und natürlich der Rhein. Im Sommer werden RHEIN-RUNDFAHRTEN angeboten, die Sie auch ganz spontan buchen können.

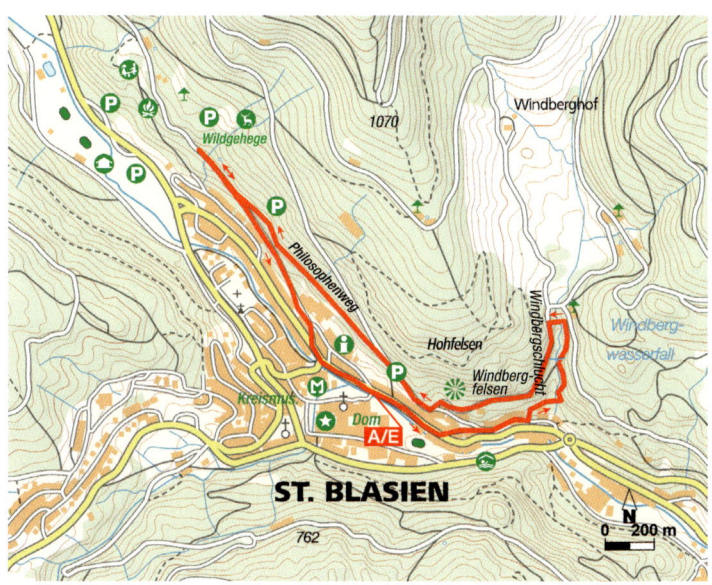

44 Der Ibacher Panoramaweg

Freie Sicht auf die Alpen

Kaum zu glauben, dass dieser zauberhafte Weg ein echter Geheimtipp geblieben ist. Tatsächlich gibt es kaum eine schönere Tour im Südschwarzwald. An klaren Tagen sind die Alpen zum Greifen nah: Säntis, Tödi, Titlis, die Viertausender der Berner Alpen … und dort ganz hinten rechts, spickelt da nicht der Mont Blanc?

Vorbildlich ausgeschilderte und markierte Wanderwege

Gute Ausgangspunkte für diese prämierte Rundwanderung sind der Schorrmättleparkplatz bei Oberibach oder der Wanderparkplatz Kohlhütte, ebenfalls bei Oberibach. Im Gegensatz zum Feldberg ist diese Region recht ruhig und man genießt hier eine sehr ursprüngliche Schwarzwälder Landschaft. Der Panoramaweg ist abwechslungsreich und immer wieder hat man eine UNGLAUBLICH SCHÖNE AUSSICHT – auf das Hochtal, auf die ALPEN, auf die Feldbergregion. Man wandert eine Zeit parallel zum Schluchtensteig und zum Weidelehrpfad. Eine Besonderheit auf der Rundtour ist das IBACHER MOOS und

Ausgangs-/Endpunkt: Schorrmättleparkplatz Oberibach (GPS-Koordinaten: 47.744051, 8.074615)
Anfahrt: Ibach liegt an der L 150 zwischen Todtmoos und St. Blasien
Weglänge: Rundweg 12,2 km
Tourencharakter: ausgesprochen gut beschilderte Genusswanderung
Einkehr: Schwarzwaldgasthof Hotel Hirschen, Mutterslehen, 79837 Ibach, Tel. 07672/930 40, Di Ruhetag, Mi erst erst 17 Uhr geöffnet; eine Spezialität sind Wildgerichte aus eigener Jagd

die **LIEGEBANK** beim Schorrmättleparkplatz, bei guter Wetterlage Alpenblick inklusive. Bei der Engländer Hütte gibt es eine ausgewiesene Grillstelle.

*Die aussichtsreiche Rundwanderung auf dem Ibacher Panoramaweg ist
Wandergenuss pur.*

Ansonsten gibt es Einkehrmöglichkeiten, beispielsweise im Hotel Hirschen
in Mutterslehen. Da der Panoramaweg einmal um das ganze Hochtal führt,
kann man ganz gut abkürzen, indem man einfach das Tal quert. Aber der
Weg ist derart abwechslungsreich und gut zu gehen, dass es nicht langwei-
lig wird und man ihn vermutlich in voller Länge genießen wird.

45 Dachsberg

Im Zeichen des Bergbaus

Der Dachsberg steht ganz im Zeichen des Bergbaus. Schon seit dem Mittelalter wurde hier nachweislich Erz abgebaut. Der Bergbau-Rundwanderweg ist für Kinder richtig toll. Besonders der begehbare Stollen und der Erlebnisspielplatz bei der Friedrich-August-Grube bieten richtige Abenteuer.

Der Weg ist sehr gut beschildert und nicht unanstrengend. Gutes Schuhwerk sollte man schon haben, damit man die Wanderung durch diese wunderschöne Landschaft genießen kann. Große Attraktion ist der ERLEBNIS-PLATZ bei der Friedrich-August-Grube. Es gibt Spielgeräte zum Thema Bergbau, Infotafeln und vor allem den ERKUNDUNGSSTOLLEN. Der

Ausgangs-/Endpunkt: Wanderparkplatz an der Horbacher-Moor-Hütte oder Parkplatz am Rathaus in Dachsberg/Wittenschwand (GPS-Koordinaten: 47.736734, 8.106774 oder 47.729658, 8.099097)
Anfahrt: über die K 6590 nach Dachsberg-Wittenschwand
Weglänge: 7 km, 300 Hm
Tourencharakter: recht anstrengende Tour, gutes Schuhwerk, Taschenlampe für den Stollen
Sehenswert: Mineralienmuseum Gottesehre, Vogelsang 14, 79875 Dachsberg, Tel. 07672/99 05-0, Do u. So 14–16 Uhr, Eintritt gegen Spende, liebevolles Museum, Funde und Infos über das beschwerliche Leben der Bergarbeiter
Einkehr: Landgasthof Klosterweiherhof, Am Klosterweiher 3, 79875 Dachsberg, Tel. 07672/480 50 34, Mo und Di Ruhetag, Tipp: Im Weiher gleich neben dem Gasthof kann gebadet werden.

Stollen wird mit Solarenergie beleuchtet und irgendwann wird's zappen-duster ... Hier am Dachsberg wurden Silbererz und später Nickel abgebaut. Die Friedrich-August-Grube wurde allerdings Ende des 19. Jahrhunderts verschlossen, da sich der Abbau nicht mehr lohnte. Auch die Natur rings um die ehemalige Grube ist einmalig. Es wachsen einzigartige FLECHTEN UND MOOSE, die unter Naturschutz stehen. Teile des Bergbaupfads fol-

Ein Highlight auf dem Themenspielplatz bei der Friedrich-August-Grube ist der Erkundungsstollen.

gen dem Themenweg Horbacher Moos – einer weiteren Natursehenswürdigkeit. Das Horbacher Moos gehört zu den ältesten Naturschutzgebieten in Baden-Württemberg. An heißen Sommertagen bieten der Klosterweiher beim Gasthaus Klosterweiherhof und der nahegelegene Freizeitplatz Burger Säge mit NATURBADESTELLE eine willkommene Abkühlung. An diesem idyllischen Ort im Wald lässt es sich selbstverständlich herrlich picknicken; eine Grillstelle ist ebenfalls vorhanden. Eine Infotafel informiert hier über weitere Wandermöglichkeiten – wie beispielsweise den SIEBEN-MOORE-WEG oder eine Wanderung durch das Schwarzenbächletal, auch eine sehr, sehr schöne Tour (12 km).

Das Gelände befindet sich an der K 6591 kurz nach dem Zusammenfluss von Schwarzenbächle und Ibach. Für's Navi: Freizeitplatz Burger Säge, Kreisstraße 6591, 79875 Dachsberg-Vogelbach.

HEY KIDS,
heute könnt ihr den ERKUNDUNGSSTOLLEN erforschen. Vergesst eure Taschenlampe nicht!

151

46 Durch das wilde Wehratal

Schluchten, Burgen, Höhlen

Welch felsige und wilde Schlucht! Der Abschluss des Südschwarzwalds in Richtung Rheintal hat wahrhaft alpine Züge. Erkunden Sie das Wehratal und seine Umgebung: Der fantasievolle Sagenweg führt zur Burgruine Bärenfels und in Hasel lockt eine geheimnisvolle Tropfsteinhöhle.

Schon die 17 km lange Autofahrt von Todtmoos Richtung Wehr ist spektakulär. Rechts und links türmen sich FELSWÄNDE und die Straße folgt der wildbachartigen Wehra. Es ist eines der schönsten Wandertäler im südlichen Schwarzwald. Aber auch das Städtchen Wehr lohnt mit seinem hübschen alten Stadtkern einen Besuch. Eine Attraktion für Kinder ist sicher die Burg-

Ausgangs-/Endpunkt: Wanderparkplatz am Wehrastausee (GPS-Koordinaten: 47.645354, 7.919386)
Anfahrt: über die L 148 von Todtmoos oder über die B 518 von Schopfheim oder Bad Säckingen; ÖPNV: Zug ab Basel Bad Bf bis Schopfheim oder Wehr-Brennet, von dort mit Bus
Weglänge: 12 km
Tourencharakter: anstrengende Tour; Abkürzungsmöglichkeit: etwa in der Hälfte des Rundwegs befindet sich eine Bushaltestelle
Zum Erleben: Wehratal (Schlucht); **Erdmannshöhle,** Wehrer Straße 25, 79686 Hasel, So vor Ostern–Anfang Nov geöffnet, Mitte Mai–Anfang Sept tägl. 10–17 Uhr, ansonsten Mo–Fr 10–15 Uhr und Sa/So 10–17 Uhr, Führung zur vollen Stunde; **Sagenweg,** Flyer mit kindgerechter Beschreibung unter www.wehr.de; **Besucherbergwerk** »Hoffnungsstollen«, Nähe Forsthausstraße 39, 79682 Todtmoos, Mai–Okt, Do u. Sa/So 14–17 Uhr, Erwachsene 3 €, Kinder ab 6 Jahre 1 €
Sehenswert: Textilmuseum Brennet, Im Hammer 1, 79664 Wehr, jeden 2. und 4. Sonntag im Monat von 14–17 Uhr; **Heimatmuseum** »Heimethus«, Murgtalstraße 15, 79682 Todtmoos, Tel. 07674/8870, Okt–Mai Mi u. Sa/So 14.30–17 Uhr, Juni–Sept Di, Mi, Fr, So 14.30–17 Uhr, Erwachsene 3 €, Kinder ab 6 Jahre 1 €
Einkehr: keine! Oder anschließend in Wehr
Baden: Im Stausee darf leider nicht gebadet werden, dafür im Freibad Wehr, Frankenmatt 10, 79664 Wehr; in der Saison tägl. 9–20 Uhr, Riesenrutsche und 5-m-Sprungturm

Nicht weit vom Wehratal befindet sich die Erdmannshöhle – eine sehenswerte Tropfsteinhöhle.

ruine Werrach. Rund um die Ruine gibt es einen fantasievoll gestalteten SAGENWEG. Ausgangspunkt für den Sagenweg ist die Infotafel an der Werrachstraße (Abzweig Burgruine). Schön ist auch die Burgruine Bärenfels, von der man eine tolle Aussicht auf das Umland hat. Von Wehr ist es nicht weit nach Hasel und zur TROPFSTEINHÖHLE Erdmannshöhle, die in der Saison für Besucher im Rahmen einer Führung geöffnet ist. Unsere Rundtour beginnt am Wehrastausee, am Wanderparkplatz, direkt an der L 148, am südlichen Ende des Stausees. Wir queren die STAUMAUER und folgen dem Stollisgrabenweg den Wald hinauf, bis wir zu einer Wegkreuzung kommen, hier folgen wir rechs der gelben Raute, bzw. der Markierung für den Schluchtensteig, immer schön am Berghang entlang über dem Stausee. Wir wandern durch einen wunder-

HEY KIDS,
haltet die Augen offen! Im Wehratal gibt es wild lebende Gämsen.

schönen Mischwald, der zum Teil als BANNWALD ausgezeichnet ist, queren mehre Bäche, halten uns nach der Mettlerhütte rechts und folgen weiter der Markierung für den Schluchtensteig. Nach etwa 6 Kilometern kommen wir zurück zur Talstraße. Hier besteht die Möglichkeit, mit dem Bus nach Wehr oder Todtmoos zu fahren. Die Haltestelle heißt Am Schluchtensteig, Linie Todtmoos–Wehr–Bad Säckingen, Busnummer 7320; den aktuellen Fahrplan finden Sie unter www.wtv-online.de. Ansonsten geht es über die Straße am Bach entlang den Wald hoch, bis wir auf eine große Wegkreuzung kommen; hier wandern wir geradeaus Richtung Ehwaldhütte und Felsenhütte, anschließend nur nur noch ein kurzes Stück bergauf und schon geht es die meiste Zeit sehr idyllisch leicht bergab. Wir wandern durch zwei in den Stein gehaune TUNNEL und

kommen zur FELSENHÜTTE. Von hier hat man eine einmalige Aussicht auf das Wehratal. Schließlich kommen wir zur Heuelhütte, halten uns rechts und kommen weiter zur Zwillingsbuche. Von der mächtigen 300 Jahre alten Buche ist leider nur noch ein trauriger, baumpilzbewachsener Rest übrig. Wenig später gelangen wir zurück an die Talstraße und gehen am Stauseeufer zurück zum Parkplatz. Die Wanderung ist vor allem an einem sonnigen Herbsttag sehr, sehr schön. Allerdings ist sie mit ihren 12 Kilometern und dem Auf und Ab des Wanderwegs eine ganz schöne Herausforderung. Planen Sie unbedingt genügend Zeit für (Spiel-)pausen ein und nehmen Sie reichlich Getränke mit. Nach der Tour – oder am nächsten Tag – sollten Sie die Erdmannshöhle erkunden. Die TROPFSTEINHÖHLE liegt nur 5 km von Wehr entfernt in Hasel (Richtung Rheinfelden). Auch ein Ausflug nach Todtmoos lohnt sich sehr.

Blick von der Felsenhütte auf den Stausee und das Wehratal

47 Burg Rötteln

Ab in die Ritterzeit

Die Burgruine Rötteln ist riesig! Sie ist eine der größten und imposantesten Ruinen in Südbaden und zugleich das historische Wahrzeichen der Stadt Lörrach. Vom Turm hat man eine tolle Aussicht auf das Dreiländereck. Das Erkunden der großen Anlage ist ein Erlebnis und im Museum erfährt man viel über das Leben in der Burg.

Die Burg Rötteln wurde erstmals im Jahre 1259 urkundlich erwähnt; damals war sie im Besitz der Herren von Rötteln. Der Name »Rötteln« wurde wohl von einem nahe gelegenen kleinen Dorf übernommen. Rötteln, althochdeutsch

Ausgangs-/Endpunkt: Lörrach (GPS-Koordinaten: 47.637290, 7.666675)
Anfahrt: Über die A 98 Lörrach-Mitte oder die B 317; ÖPNV: SBB ab Basel Bad Bf bis Lörrach-Haagen
Weglänge: 3,5 bis 11,5 km
Zum Erleben: Burg Rötteln, Röttelnbund e.V. Haagen, Burgruine Rötteln, 79541 Lörrach-Haagen, Tel. 07621/564 94, info@burgruine-roetteln.de, Mitte März–Mitte Nov tägl. 10–18 Uhr, Mitte Nov–Mitte März Sa/So und Feiertag 11–16 Uhr, Erwachsene 2,50 €, Kinder ab 6 Jahre 1 €; **Erlebnis Kletterwald**, Steinenweg 42, 79540 Lörrach, direkt neben der Jugendherberge, Erwachsene 21 €, Kinder bis 15 Jahre 17 €, Happy hour 1,5 Std. vor Schluss, nur bei guter Witterung geöffnet, wechselnde Ruhetage, bitte informieren Sie sich aktuell unter www.erlebniskletterwald.de; **Okidoki Kinderland Lörrach**, Küpferstraße 3, 79540 Lörrach, www.okidoki-loerrach.de, Mo–Fr 14–19 Uhr, Sa/So sowie in den Ferien BW 10–19 Uhr, Erwachsene 3,90 €, Kinder 7,50 €, manche Attraktionen kosten extra
Sehenswert: Dreiländermuseum, Basler Straße 143, 79540 Lörrach, www.dreilaendermuseum.eu, Di–So 11–18 Uhr, Sa Kinderprogramm (+3 €), Erwachsene 2 €, Kinder ab 6 Jahre 1 €, jeden 1. So im Monat Eintritt frei, auf der Internetseite gibt es allerlei Rätsel und Spiele zum Herunterladen
Einkehr: Biergarten Burgschänke tägl. bei guter Witterung 11–21 Uhr, www.burgschenke.de
Baden: Erlebnisbad Parkschwimmbad, Tumringer Straße 271, 79539 Lörrach, Ende Mai–Ende Juni Mo–Fr 10–19 Uhr, Sa–So 9–20 Uhr, Aug–Mitte Sept Mo–Fr 8.30–20 Uhr, Sa–So 9–20 Uhr, weitere Infos zu Öffnungszeiten unter www.loerrach.de, Erwachsene 4 €, Kinder ab 6 Jahre 2,50 €

Vom Burgturm hat man eine tolle Aussicht auf Lörrach.

»raudinleim«, ist von » zum roten Lehm« abgeleitet. 1315 gelangte die Burg durch Erbfolge in den Besitz der Familie Hachenberg-Sausenberg. Rudolf III. von Hachenberg-Sausenberg ließ eine Familienchronik schreiben, heute ein bedeutendes Schriftstück, das die regionalen, zum Teil auch überregionalen historischen Begebenheiten zwischen 1376 und 1432 dokumentiert. Durch einen weiteren Erbvertrag gelangte die Burg im 15. Jahrhundert in den Besitz der Herren von Baden. In diese Zeit fallen auch die Bauernkriege. Die Burg wurde 1525 von Bauern eingenommen. Die Archive wurden zerstört, die Gebäude blieben unbeschadet. Im Dreißigjährigen Krieg war die Burg hart umkämpft und wurde mehrmals eingenommen, bis schließlich im Holländischen Krieg 1678 die Burg ausbrannte und der Herrschaftssitz nach Lörrach verlegt wurde. Baumaterialien wurden abgetragen, die Burg verkam. Im 19. Jahrhundert wurden die ersten baulichen Sicherheitsmaßnahmen an der Ruine durchgeführt, um sie der Öffentlichkeit zugänglich zu machen. Mit diesem historischen Wissen im

HEY KIDS,
bei schlechtem Wetter bietet der Indoor-Spielplatz Okidoki eine bunte Auswahl an Spielmöglichkeiten. An heißen Tagen erfrischt ein Besuch im Freibad von Lörrach.

Gepäck kann's los gehen: Unterhalb der Burg gibt es einen Parkplatz, auf dem Sie kostenlos Ihr Auto abstellen können. Gleich neben dem Parkplatz befindet sich eine Übersichtskarte, auf der Sie Wandervorschläge für Rundtouren finden. Die Touren sind zwischen 3,5 km und 11,5 km lang und alle hervorragend ausgeschildert. In der Burgschänke, einer Gartenwirtschaft, gibt es Flammkuchen, Vespergerichte und leckeren Kuchen, gleich hinter der Burg befindet sich ein schön gelegener Grillplatz. Für Kinder, die sich gerne noch mehr austoben möchten, gibt es in Lörrach direkt neben der Jugendherberge den Erlebnis Kletterwald. Hier können sich die Kinder auf dem spannenden Partnerparcours ausprobieren. Auch für Kletterer unter 1,30 m Körpergröße gibt es hier Spannendes zu erleben. Im Stadtzentrum Lörrach gibt es einige schöne Cafés und Eisdielen. Das Dreiländermuseum zeigt die Geschichte Lörrachs und der

Ausflug in die Zeit der Ritter und Burgfräulein

Region im Dreiländereck Deutschland–Frankreich–Schweiz. Das Museum bietet auch spezielle Führungen für Kinder. Mit viel Spaß sind die Kinder als Detektive im Museum unterwegs, müssen Spuren finden, Rätsel lösen, Hinweise deuten. Bei Interesse bitte anmelden.

Die Burgruine Rötteln gehört zu den beeindruckendsten in Südbaden.
Im Sommer finden hier die Burgfestspiele statt.

48 Ausflug Todtnau

Wasserfälle, Hasencoaster, Alpenblick

Hochschwarzwaldtraum: In Todtnau stürzt der Stübenbach spektakulär über vier Fallstufen ins Tal. Auf dem sanften Gipfel des Stübenwasen erwartet Sie die längste Bankliege der Welt, auf der Sie die Sonne anbeten und einen der schönsten Panoramablicke Deutschlands genießen können.

Todtnau liegt zwischen Feldberg und Belchen mitten im Südschwarzwald und lockt mit schöner Natur, vielen Wandermöglichkeiten und jeder Menge Spaß. Besonders besuchenswert sind die Todtnauer WASSERFÄLLE. Über vier Fallstufen stürzt der Stübenbach ins Tal. Rund um den Wasserfall gibt es Erkundungswege. Parkmöglichkeiten finden Sie auf dem Parkplatz Aftersteg direkt an der L126, wenige Meter vom Wasserfall entfernt. Sie kön-

Ausgangs-/Endpunkt: Todtnau, Todtnau-Wasserfall, Todtnauberg (GPS-Koordinaten: 47.844047, 7.939080)
Anfahrt: B 317 bis Todtnau, dort auf der L 126 Richtung Notschrei, nach zwei Haarnadelkurven rechts Abzweig nach Todtnauberg; ÖPNV: gute Busverbindungen von/nach Todtnau, Schauinsland und Kirchzarten
Weglänge: Todtnau–Wasserfall 2,5 km, Stübenwasen 4 km (jeweils einfache Strecke), Zauberweg Hasenhorn 4 km
Zum Erleben: Todtnauer **Wasserfälle**; Hasenhorn **Coasterbahn**: Öffnungszeiten wetterbedingt; www.hasenhorn-rodelbahn.de, Erwachsene 9,50 €, Kinder 8 €, Kinder dürfen erst ab 8 Jahre und einer Mindestgröße von 1,40 m alleine fahren; **Bergwerk Finstergrund**: an der L 123 zwischen Wieden und Utzenfeld, Mai–Okt Sa/So 10–16 Uhr, Juli–Sept auch Mi, Erwachsene 7 €, Kinder ab 6 Jahre 4,50 €, einziges Bergwerk im Schwarzwald mit Grubenbahn
Einkehr: Bergasthof Hasenhorn, 79674 Todtnau, Tel. 07671/521, www.berggasthaus-hasenhorn.de, tägl. 10–18 Uhr; Bergasthof Stübenwasen, Stübenwasen 1, 79674 Todtnau/Todtnauberg, www.berggasthof-stuebenwasen.de, tägl. 10–20 Uhr, Do Ruhetag
Baden: Berg Bad, Freibad Todtnauberg, Schwimmbadweg, 79674 Todtnauberg, Tel. 0162/872 84 24, freibad-tbg@web.de, Erwachsene 4,50 €, Kinder ab 6 Jahre 2 €, wetterabhängig tägl. 10–19 Uhr

Die Todtnauer Wasserfälle sind frei zugänglich und können auf einem Rundweg erkundet werden.

Fahrspaß am Hasenhorn: Die Sommerrodelbahn ist knapp 3 km lang und wirklich aufregend!

nen aber auch in Todtnauberg am Hangloch-Parkplatz parken und zum Wasserfall hinunter gehen oder Sie wandern von Todtnau hinauf (ca. 2,5 km). Alles ist sehr gut ausgeschildert. Der Wasserfall ist frei zugänglich.

Schön ist auch eine Wanderung von Todtnauberg zum Berggasthof Stübenwasen (einfache Strecke ca. 4 km). Startpunkt für diese aussichtsreiche Wanderung ist der Wanderparkplatz »Ratschert« in Todtnauberg (ausgeschildert) in der Nähe der JUGENDHERBERGE. Von dort folgt man der Beschilderung Richtung Stübenwasen, bzw. der Beschilderung für den kurzen Panoramaweg. Oben angekommen gibt es in einem urigen Gasthof leckere Vespergerichte und hausgemachte Kuchen, herrliche Aussicht inklusive. Ganz oben auf dem Stübenwasengipfel erwartet die Wanderer die LÄNGSTE BANKLIEGE DER WELT. In Todtnauberg selbst lohnt sich ein Besuch des kleinen STREICHELZOOS ganz in der Nähe des Wanderparkplatzes. Für eine Abkühlung an heißen Sommertagen sorgt das HÖCHSTGELEGENE FREIBAD Berg in Todtnauberg.

Wer gerne ein bisschen Action möchte, ist bei der Coasterbahn genau richtig. Auf der fast 3 km langen SOMMERRODELBAHN düst man vom Gipfel des Hasenhorns, Todtnaus 1155 m hohem Hausberg, ins Tal. Vom Hasenhorn gibt es auch ausgewiesene Downhill-Strecken für Abenteuerlustige. Ein speziell für Kinder angelegter Wanderweg startet ebenfalls auf dem Hasenhorn

Beim Kraxeln ist Teamarbeit gefragt.

– der **ZAUBERWEG**. Auf dem knapp 4 km langen Weg geht es um Ilfex und Farfara, zwei kleine Wichtel, denen ihr Zauberstein verloren gegangen ist. Neben zahlreichen **SPIELSTATIONEN** gibt es auch eine **GRILL-STELLE** mit Picknickplatz. Zum Startpunkt an der Bergstation Hasenhorn gelangt man ohne Anstrengung per **SESSELLIFT**. Dann begleitet man die kleinen, lustigen Wichtel auf ihrer Suche talwärts Richtung Todtnau. Unter www.zauberweg.de gibt es Infos zur Spielidee und eine Übersichtskarte. Wenn man schon mal oben ist auf dem Hasenhorn, lohnt sich ein Blick vom **HASENHORNTURM**. Von der Bergstation ist es nur noch ein kurzes Stück zum 2009 eingeweihten Aussichtsturm. Von dort hat man einen tollen Ausblick auf die Schwarzwaldberge. Nicht weit von Todtnau befindet sich das **BESUCHERBERGWERK** Finstergrund. Ein weiterer schöner Familien-Abenteuerweg startet in Todtmoos-Strick am Skilift-Parkplatz und führt auf etwa 4 km durch die **RABENSCHLUCHT** hinauf zum Kirchberg. Unterwegs gibt es Spiel- und Wissensstationen, **TIERSPUREN** weisen den Weg.

HEY KIDS, auf dem SPÜRNASEN-PFAD weisen Tierspuren den Weg durch die Rabenschlucht.

49 Belchen

Schönster Aussichtsberg im Südschwarzwald

Er ist der unbestrittene König des Schwarzwalds: der Belchen. Zwar bringt er nicht ganz so viel Höhenmeter auf die Waage wie der Höchste, der Feldberg, doch kein anderer Schwarzwaldgipfel steht so frei und stolz wie der Belchen, der sein Haupt 1200 Meter über die Tiefebene des Rheins erhebt.

Am Belchen erstreckt sich eines der größten Naturschutzgebiete Baden-Württembergs. Nicht nur seltene Vogelarten wie Wasserpieper und Zitronengirlitz sind hier heimisch, sondern es wachsen auch Pflanzen, die normalerweise nur im Alpenraum gedeihen: zum Beispiel der Schweizer LÖWENZAHN, die Gebirgsrose und einige sehr seltene Flechtenarten. Mit einer Besucherzahl von über 300.000 gehört der Belchen zu den beliebtesten Ausflugszielen im Südschwarzwald. Auf dem REGENWURMPFAD, einem Themenpfad der dem Riesenregenwurm gewidmet ist, geht es zur Belchenbahn und in der GONDEL dann hinauf zur Bergstation. Dann können Sie zum Beispiel auf schmalem Pfad den Gipfel umrunden und anschließend die wenigen hundert Meter zum GIPFELKREUZ hinaufsteigen. Oder Sie können auch auf direktem Weg zum höchsten Punkt und die

Ausgangs-/Endpunkt: Wanderparkplatz Hohtann an der K 6341 (GPS-Koordinaten: 47.829441, 7.859129)
Anfahrt: K 6341 zwischen Aitern-Multen und Wiedener Eck
Weglänge: 4,5 km; Fußweg zur Talstation 2,3 km, Regenwurmpfad 2,3 km, Rundweg alpiner Pfad 1,3 km, Gipfelkreuz 1 km
Zum Erleben: Belchen Seilbahn, Belchen 1, 79677 Schönenberg, bei guter Witterung tägl. 9.15–18 Uhr, Erwachsene Berg- und Talfahrt 7,50 €, Kinder 5,40 €, Familienkarte 20 € (Sommerpreise)
Einkehr: Belchenhaus (Gasthof auf dem Gipfel), bei guter Witterung tägl. ab 10 Uhr, Selbstbedienung, Vespergerichte und warme Speisen, nur Barzahlung; Belchenhotel Jägerstüble, Obermulten 3, 79677 Aitern-Belchen, www.belchenhotel.de, Vespergerichte, aber auch gehobenere Küche, 11.30–20.30 Uhr, Mo u. Di Ruhetag

Vom Belchen hat man eine wunderbare Aussicht auf das Umland.

schöne Aussicht auf die Rheinebene, die Vogesen und den Schwarzwald genießen. Schön ist auch der Fußweg durch den Bannwald zur Talstation. Mit
dem Bus können Sie zum Ausgangspunkt zurückfahren. Wir beginnen am
Parkplatz Hohtann und folgen der Beschilderung für den Belchen Erlebnisweg Regenwurmpfad. Auf 2,5 km helfen die Kinder Rudi-Regina und erfahren an den einzelnen Stationen mehr über den RIESENREGENWURM.
Die einzelnen Stationen sind zwar schön gelegen, aber schon etwas in die
Jahre gekommen. Laut Tourismusbüro soll der Erlebnisweg aber in Bälde
erneuert werden. Spaß haben die Kinder allemal. Vor allem die WASSER-
SPIELSTATION und die VOGELSTIMMEN-RATESTATION haben

Der Alpine Pfad ist der spannende Teil bei einer Erkundung rund um den Belchen.

uns gut gefallen. Bei der Talstation angekommen, besteht eine erste Einkehrmöglichkeit im Jägerstüble. Wir fahren mit der Seilbahn hinauf und genießen erst einmal die wunderschöne Aussicht; eine weitere Einkehrmöglichkeit besteht hier im Gasthof Belchen. Wer zum Gipfel möchte, folgt der Beschilderung hinter dem Gasthaus rechts hinauf. Der GIPFEL-RUNDWEG ist sehr schön zu gehen, schöne Aussicht inklusive und ein wenig abenteuerlich ist er auch. Wir folgen der Beschilderung auf ebenem Weg und halten uns später rechts am Berg. Nach etwa einem halben Kilometer kommen wir zum ALPINEN BERGPFAD. Dieser ist nicht lang und auch mit Kindern gut zu machen. Toben und rennen sollte man hier natürlich nicht. Festes Schuhwerk sollte man auch haben. Fast wieder beim Gasthaus angekommen, zweigt rechts ein Pfad ab zum Gipfel. Von hier sieht man schön den Feldberg und auch den Blauen, die Nachbarn des Belchen. Denken Sie an Jacken

Oben: Spaß mit dem Riesenregenwurm; unten: auf dem Rundwanderweg am Belchen

oder Pullover. Es ist oft sehr WINDIG hier oben. Zurück zur Talstation geht es mit der Seilbahn oder Sie nehmen den Fußweg. Hierzu gehen Sie vom Gasthaus den Weg, der von der Seilbahn wegführt Richtung Untermultern. Wir queren bald die Straße und kommen in den BANNWALD. Es geht immer bergab, weiter links halten. Wir folgen weiter der Beschilderung Richtung Talstation.

50 Badenweiler

Mit allen Sinnen

Eine Burg, die es zu erkunden gilt, 2000 Jahre alte römische Thermen und ein Park der Sinne, in dem man nach Lust und Laune experimentieren kann – Badenweiler lässt für Familien keine Langeweile aufkommen und bietet mehr als genug Attraktionen für einen wunderbaren Urlaubstag.

Wir beginnen die kleine Wanderung am Parkplatz »Am Sportbad« im Tal. Wir folgen der Hauptstraße ein kurzes Stück und gehen leicht bergab bis zum Zebrastreifen an der Metzgerei. Wir queren die Straße und den Klemmbach und gehen den Oberen Kirchweg hinauf (steil), bis wir rechter Hand den Parkeingang sehen. Hier heißt es, die Sinne schärfen. Im PARK DER SINNE warten spannende EXPERIMENTE und Spielgeräte auf die ganze Familie. Physikalische Gesetzmäßigkeiten werden auf fantasievolle Weise erfahrbar gemacht. So kann zum Beispiel der ENERGIEERHAL-TUNGSSATZ erschaukelt werden oder man kann mit etwas Geschick

Ausgangspunk: Badenweiler, Parkplatz Am Sportbad (GPS-Koordinaten: 47.808743, 7.679845)
Anfahrt: entweder über die A 5 oder die B 3 bis Müllheim, ab da der Beschilderung nach Badenweiler folgen; in Badenweiler auf der Hauptstraße (Weilertalstraße) bleiben; der Parkplatz (Ernst-Eisenlohr-Straße) befindet sich rechts am Ortsausgang Richtung Schweighof, neben dem Freibad.
Weglänge: ca. 2 km einfach
Sehenswert: Römische Badruinen, Im Kurpark, April–Okt tägl. 10–18 Uhr, Nov–März 10–17 Uhr, Familienkarte 5,50 €; Salon Tschechow, Ernst-Eisenlohr-Straße 4, 79410 Badenweiler, tägl. 10–17 Uhr
Einkehr: Cafés und Restaurants, man sollte allerdings wissen, dass Badenweiler ein klassischer Kurort mit vielen älteren Kurgästen ist. Mit Kindern ist die Bäckerei mit Café am Marktplatz empfehlenswert.
Baden: Das Thermalbad ist schön, aber teuer und für Familien mit Kindern nur bedingt geeignet. Eine gute Abkühlmöglichkeit gibt es im Freibad mit vielen Spielmöglichkeiten: Sport- und Freizeitbad, Weilertal-Straße 72, 79410 Badenweiler, wetterabhängig tägl. 10–19 Uhr.

den akustischen Brennpunkt erhören. Bis zur **BURG** ist einiges an Steigung zu meistern, aber bei so viel Spiel und Spaß wird das Gehen zur Nebensache. Nachdem alle genug experimentiert, gespielt und vielleicht auch

Rund um die Burgruine Badenweiler gibt es viel Spannendes zu entdecken.

ausgeruht haben, gehen wir an der Station mit optischen Täuschungen vorbei und verlassen den Park wieder. Weiter geht es den Oberen Kirchweg hinauf und am Ende biegen wir rechts in den Kurpark. Wir gehen am **ENTENTEICH** vorbei, wo man übrigens schwarze Schwäne und Riesenkarpfen sehen kann. Der Eingang zu der **AUSGRABUNGSSTÄTTE** »Römische Badruinen« ist leicht zu finden und gut ausgeschildert. Sie liegen direkt neben dem Thermalbad. Wer möchte, besichtigt die

SALON TSCHECHOW

Die Stadt Badenweiler ist sehr stolz auf ihren berühmten Badegast und hat ihm neben Standbildern auch ein Museum gewidmet, in dem man vor allem Fotos, Zeitungsartikel, Briefe und Manuskripte bewundern kann.

Der Park der Sinne

Ruinen, die tatsächlich für diese Gegend überraschend groß und beeindruckend sind. Badenweiler kann auf eine sehr lange Badtradtion zurückblicken. Die römischen Badruinen hier gehören zu den größten und besterhaltenen im Schwarzwald. Ein kurzer FILM vermittelt einen Eindruck von der römischen Badetradition. Im Rathaus befindet sich ein kleines Museum, das den Dichter und Schriftsteller Anton Tschechow ehrt. Von den Badruinen gehen wir Richtung Kurhaus und folgen ab dort der Beschilderung »Kaffeemühlen Rundweg«, weißer Pfeil auf grünem Grund, rechts um den Schlossberg herum. Nun sind es nur noch wenige hundert Meter hinauf zur BURGRUINE. Hier können die Kinder frei durch die Winkel und Gänge STÖBERN. Vom Turm aus

BLAUEN

Von Badenweiler ist es nicht weit bis hinauf auf den dritthöchsten Schwarzwaldgipfel. Hier haben Sie nicht nur eine schöne Aussicht von einer netten Aussichtsterrasse oder vom Aussichtsturm, sondern auch weitere vielfältige Wandermöglichkeiten.

Römische Badruinen

genießt man eine herrliche Aussicht auf den Schwarzwald und das Markgräfler Land. Die Ruine ist frei zugänglich und historisch sehr interessant: Sie
ist sozusagen das Sahnehäubchen ganz Badenweilers. Im 19. Jahrhundert
wurde ein englischer Landschaftsgarten, der heutige Kurpark, angelegt, zu
dem eine derartige Burgruine natürlich hervorragend passt. Die Burganlage
selbst stammt aus dem 12. Jahrhundert und wurde vermutlich von den Zäh-
ringern erbaut, die ihren SILBERBERGBAU in der Region sichern wollten.
Später wechselte sie häufig Herrn und Besitzer und gehörte ab dem 15. Jahrhundert den Markgrafen von Baden. Im Holländischen Krieg, im Jahr 1678,
wurde sie von französischen Soldaten gesprengt und nie wieder aufgebaut.
Alle zwei Jahre findet hier das Badenweiler Burgfest statt. Nachdem wir die
Burg durchstöbert haben und vom TURM die schöne Aussicht genossen,
folgen wir dem Treppenweg, am Teehaus vorbei, zurück zum Kurhaus. Wir
können nun den gleichen Weg zurück zum Ausgangspunkt gehen oder vielleicht der Hauptstraße Richtung Stadtmitte folgen. Am Marktplatz gibt es
ein nettes EISCAFÉ. Wenn wir der Hauptstraße (Ernst-Eisenloher-Straße)
weiter folgen, kommen wir ebenfalls zurück zum Parkplatz.

51 Staufen

Fauststadt im Breisgau

Dunkle Mächte, der Teufel gar, sollen hier zugange gewesen sein? So will es die Legende um den Alchemisten und Magier Doktor Johann Georg Faust, vielen bekannt durch Goethes epochales Drama Faust. Wer heute durch die Altstadt Staufens schlendert, kann dies jedoch unbeschwert tun.

In Staufen begegnet man keinen dunklen Mächten mehr. ZAUBERHAFTE GASSEN, Häuschen, Plätze und Brunnen bekommt man dagegen schon zu sehen. Idyllisch am Ausgang des Münstertals und direkt am Flüsschen Neumagen gelegen, spielt Wasser eine wichtige Rolle in dem knapp 8000 Einwohner großen Städtchen. Kleine WASSERGRÄBEN durchziehen die Fußgängerzone. So haben nicht nur die Eltern Spaß bei einem STADT-BUMMEL. Ein Spaziergang durch die WEINBERGE hinauf zur BURG-RUINE STAUFEN lohnt ebenfalls. Auch die nähere Umgebung von Staufen hat viel zu bieten: Das romantische Münstertal, die Orte Ehrenkir-chen, Ballrechten-Dottingen und Bollschweil mit ihren Sehenswürdigkeiten und auch der Belchen sind nicht weit – eine Region zum Wiederkommen! Vom Altstadt-Parkplatz P1 am linken Ufer des Neumagen folgen Sie den Schildern Richtung Altstadt. Über den Neumagen und vor dem Markt-

Ausgangs-/Endpunkt: Staufen im Breisgau (GPS-Koordinaten: 47.880903, 7.730596)
Anfahrt: A 5 Ausfahrt Bad Krozingen, L120 bis Bad Krozingen, L 123 bis Staufen; ÖPNV: RE aus Freiburg oder Basel Bad Bf, meist mit Umsteigen in Bad Krozingen
Zum Erleben: Steinzeithöhlen bei Ehrenkirchen: Hier erleben Sie christliche und steinzeitliche Menschheitsgeschichte auf 4 km. Ein Highlight für die Kinder sind sicher die Höhlen am Osthang des Ölbergs. Ausgangspunkt: St. Georg-Kirche in Ehrenkirchen, ab da der Beschilderung für den Ölberg Rundweg folgen.
Sehenswert: Stadtmuseum, Hauptstraße 53, 79219 Staufen im Breisgau, Tel. 07633/805 36, Mo 8–18 Uhr, Di–Fr 8–12 u. 14–18 Uhr,
So 15–17 Uhr, Sa geschlossen, im Winter verkürzte Öffnungszeiten, Eintritt frei; **Burgruine** Staufen, frei zugänglich; Infos zu **Stadtführung** und Veranstaltungen unter www.muenstertal-staufen.de

Mittwoch- und Samstagvormittag ist in Staufen Markttag.

platz rechts in die Freihofgasse kommen Sie weiter in die Spitalgasse und ins sogenannte Hinterstädle, dem ältesten Stadtteil von Staufen. Schmale bunte Häuschen drängen sich eng aneinander. Am Ende der Spitalgasse steht das namensgebende Spital, eine Stiftung der Herren von Staufen aus dem 16. Jahrhundert. Weiter geht es links an der Kirche St. Martin vorbei in die Kirchstraße und zurück zum Rathausplatz. Im Rathaus selbst befinden sich die Touristeninformation und das Stadtmuseum. Hier erfährt man Wissenswertes über die Geschichte Staufens, den Silberbergbau in der Region sowie die gescheiterte REVOLUTION 1848. Über dem Eingang sind die Wappen der Herren von Staufen zu sehen. Schon die Römer siedelten auf

Blick auf die Burgruine Staufen: einmal von oben …

dem Stadtgebiet. Dies belegen ARCHÄOLOGISCHE FUNDE. Später, im Mittelalter, waren die Herren von Staufen von entscheidender Bedeutung für die Stadtentwicklung. Bis ins 16. Jahrhundert lenkten sie die Geschicke der Stadt – immer wieder im Konflikt mit den Herren von Freiburg. Der BERGBAU machte die Stadt reich und schön – wie wir an den liebevoll restaurierten Häuserfassaden der Altstadt bewundern können. In jüngster Vergangenheit erlangte Staufen traurige Bekanntheit. 2007 wurden geothermische Bohrungen durchgeführt. Man dachte umweltfreundlich und wollte Erdwärme für die Region nutzbar machen. Bei den Bohrungen gelangte Wasser in die unter der Stadt gelegenen Keuperschicht. Keuper wird, wenn es mit Wasser in Kontakt

Auf der Infotafel erfährt man viel Wissenswertes zur wechselvollen Geschichte der Burg.

174

… und einmal von unten.

kommt, zu Gips, der ein größeres Volumen hat. Die Erde begann sich zu heben und mit ihr die Altstadt von Staufen. Die großen RISSE an den Fassaden sind Folge der Geothermiebohrung. Armes Staufen!

Am Marktplatz gibt es nette CAFÉS und Einkehrmöglichkeiten. Für große und kleine Naschkatzen ist die Kalte Sophie am Marktplatz unbedingt zu empfehlen. Hier gibt es BAUERNHOFEIS VOM FEINSTEN, allerdings nur in den Sommermonaten. Weiter geht es die Hauptstraße entlang, rechts und links kleine Wassergräben, wo die Kinder an Sommertagen ihre Füße kühlen können. Dann rechts in die Meiergasse, links in die Jägergasse und am Stadtschloss vorbei. Das Schlösschen, ehemals eine Stadtresidenz der Herren von Staufen, ist leider nur von außen zu bewundern. Wir kommen zurück zur Hauptstraße. Wer möchte, geht geradeaus Richtung Bahnhof. Neben diesem liegt der Stadtpark mit See und kleinem Labyrinth. Hinter dem Stadtsee befindet sich auch ein kleiner SPIELPLATZ. Wer zur Burgruine möchte, biegt rechts ab in die Straße Auf dem Rempart und gleich die nächste links in die Schlossgasse. Wir kommen in die Weinberge und zu einer Übersichtstafel mit Wanderkarte und Wegbeschreibung. Wir folgen der Beschilderung. Die Ruine ist frei zugänglich. Vom Turm hat man eine SAGENHAFTE AUSSICHT auf das Markgräfler Land, Staufen, das Münstertal und den Schwarzwald.

52 Nonnenmattweiher

Sagenumwobenes Wasser

Leichte Wanderung mit exklusiver Bademöglichkeit im Natursee und urigen Einkehrmöglichkeiten. Ein wenig Steigung gibt es aber schon zu überwinden, vor allem, wenn man vom Nonnenmattweiher weiter zur Almgastätte Kälbelescheuer geht. Zur Belohnung gibt's megaleckere Sirupschorlen!

Die Anstrengung lohnt sich auf jeden Fall sehr. Nachdem man vielleicht IM SEE GEBADET und in der Fischerhütte am Nonnenmattweiher lecker gegessen hat, geht es am Halderhof vorbei und weiter auf schmalem, felsigen Pfad Richtung Kälbelescheuer. Immer wieder hat man eine atemberaubende Aussicht, kommt an kleinen WASSERFÄLLEN vorbei und genießt schönste Schwarzwälder Landschaft. Eine kleine Stärkung bei der gemütlichen Almgastätte und dann geht es steil den Berg hinauf, an VIEHWEIDEN entlang und durch den Wald, zurück zum Parkplatz. Von Mittelheubronn aus kann man mit einem geländegängigen Kinderwagen auch

Ausgangspunk: Wanderparkplatz Kreuzweg (GPS-Koordinaten: 47.800093, 7.777952)
Anfahrt: Allein die Anfahrt aus dem Münstertal mit dem Auto ist herrlich. In Serpentinen geht es hinauf Richtung Hinterheubronn und weiter auf der L 131 bis zum Wanderparkplatz. Wer die Kinderwagenvariante machen möchte, kann direkt am Halderhof/Hinterheubronn parken. Die Parkmöglichkeiten sind allerdings begrenzt. Es lohnt sich, früh da zu sein.
Strecke: 10 km, Variante für Kinderwagen 1 km
Sehenswert: Nonnenmattweiher, Kälbelescheuer, Münstertal; Kaltwasserhof im Münstertal, **Schwarzwaldhaus 1902**, 79244 Münstertal-Kaltwasser, Sa/So 14–17 Uhr, Erwachsene 4 €, Kinder 1,50 €/ 2,50 €, hier werden Brauchtum und bäuerliches Leben lebendig; 2002 wurde hier vom SWR eine 4-teilige Doku gedreht. Eine moderne Familie von heute lebte hier einige Zeit wie vor 100 Jahren.
Einkehr: Fischerhütte Juni–Okt Di–So, Nov–Mai Sa–So, wetterabhängig; Höhengasthof Haldenhof Mai–Okt 11–21 Uhr, Di Ruhetag, Wild- und Fischspezialitäten; Almgastätte Kälbelescheuer Di–So, ab 11 Uhr
Baden: ausgewiesener Badebereich am Nonnenmattweiher

Auf zum Vesper in der Fischerhütte beim Nonnenmattweiher!

einen schönen Spaziergang zum Nonnenmattweiher und zur Fischerhütte machen. Der Weg zur Kälbelescheuer ist jedoch keinesfalls für Kinderwagen geeignet. Wir beginnen also am Wanderparkplatz und gehen links dem Weg folgend am Waldrand entlang. Bei der zweiten Gabelung gehen wir rechts in den Wald. Hier passieren wir eine Schranke und kommen bald zu einer Hinweistafel zum Naturschutzgebiet Nonnenmattweiher. Wenige Meter später sehen wir auch schon den See. Das Baden ist nur am nördlichen Ufer gestattet. Dort gibt es auch einen kleinen Rastplatz mit FEUERSTELLE. An heißen Sommertagen ist hier einiges los. Nonnen gab es hier am Nonnenmattweiher wohl nicht – auch wenn einer Legende nach ein Nonnenkloster hier gestanden haben soll, in dem aber nicht gottgefällig gelebt wurde. Als Strafe und Warnung versank das Kloster im See. Nun ja, eher noch leitet sich der Name von der Bezeichnung für Mastkühe, den sogenannten Nunnen, ab, die hier auf der Weide standen. Der ursprüngliche Karsee war im Mit-

telalter wohl verlandet und es befanden sich hier Weideflächen, bis Anfang des 18. Jahrhunderts das Wasser aufgestaut wurde, um Forellen und Karpfen zu züchten. Der erste Damm brach am 1. 3. 1922. Es kam zu einer KATASTROPHE. Das Wasser stürzte ins Tal und zerstörte Häuser und Weiden. In den 1930er-Jahren wurde das Wasser erneut aufgestaut. Heute ist der Nonnenmattweiher nicht nur im Sommer ein beliebtes Ausflugsziel. Einzigartig hier ist die Natur und die Pflanzenwelt, insbesondere ist die SCHWIMMENDE TORFINSEL ein Unikat. Zur Fischerhütte ist es nicht weit. Wir folgen wenige hundert Meter

Baden ist an diesem Natursee erlaubt.

dem breiten Schotterweg und kommen zu der kleinen Gaststätte. Es gibt hausgemachten KUCHEN, Vesper, aber auch warme Gerichte. Sehr empfehlenswert ist die RÄUCHERFORELLE. Wir folgen der Beschilderung über die Almwiesen Richtung Halderhof. Bei der Weggabelung im Wald rechts halten. Am Halderhof queren wir die L 131, gehen weiter Richtung Bushaltestelle, biegen rechts einem schmalen Pfad folgend Richtung Wald ab und folgen abermals der Beschilderung Richtung Kälbelescheuer. Jetzt wird es spannend. Auf einem FELSENPFAD am Hang geht es durch den Wald vorbei an kleinen WASSERFÄLLEN und einer beeindruckenden Felswand zur Kälbelescheuer. Der Weg ist mit Kindern gut machbar. Man sollte allerdings an festes Schuhwerk denken. An der Almgaststätte Kälbe-

Die Almgaststätte Kälbelescheuer bietet ein tolles Ausflugsziel!

lescheuer bekommen Sie Vespergerichte zu fairen Preisen, ausgefallene SIRUPSCHORLEN, vor allem aber eine tolle Aussicht. Zurück zum Wanderparkplatz geht es steil den Berg hinauf, an Viehweiden entlang und ein kurzes Stück durch den Wald. Der Weg ist ausgeschildert.

53 Fahrradtour von Villingen nach Donaueschingen

Über die Hochebene der Baar

Diese gemütliche Fahrradtour führt uns an der Brigach entlang nach Donaueschingen, wo sich Brigach und Breg vereinen und weiter als Donau fast 3000 Kilometer bis ins Schwarze Meer fließen. Der Fahrradweg hat wenig Steigung und ist zumeist asphaltiert – also prima zu fahren.

Ausgangspunk: Villingen/Bahnhof (GPS-Koordinaten: 48.058043, 8.465179)
Endpunkt: Donaueschingen Bahnhof
Anfahrt: Aus Stuttgart oder Singen auf A 81, Ausfahrt Villingen-Schwenningen, dann auf der B 523 bis Villingen; B 33 aus Richtung Offenburg/Triberg; B31/B33 aus Richtung Titisee-Neustadt; ÖPNV: mit IRE aus Offenburg über die Schwarzwaldbahn oder mit RE aus Rottweil, dorthin mit IC aus Stuttgart oder Singen
Weglänge: 15,5 km einfache Strecke
Sehenswert: Villingen: **Altstadt** mit gut erhaltenen Stadttoren und Teilen der Stadtmauer, Münster und Münsterbrunnen; in Donaueschingen: **Donauquelle, Schlosspark, Kinder- und Jugendmuseum** (unbedingt!), Haldenstraße 5, 78166 Donaueschingen, www.kijumu-donaueschingen.de, tägl. 10–17.30 Uhr, Mo geschlossen, Familienticket 12 €, außerhalb der Saison verkürzte Öffnungszeiten, bitte aktuell auf der Webseite nachschauen; **Museum ART.PLUS**, Museumweg 1, Ecke Josefstraße, 78166 Donaueschingen Di–So 11–17 Uhr, Familienkarte 12 €, vorwiegend zeitgenössische Kunst; **Fürstlich Fürstenbergisches Sammlungen**, Karlsplatz, 78166 Donaueschingen, April–Nov Di–Sa 10–13 Uhr und 14–17 Uhr, So 10–17 Uhr, Familienkarte 10 €; **Fürstlich Fürstenbergische Brauerei**, Haldenstraße, 78166 Donaueschingen, Führungen Mo–Fr 14.30 Uhr, Anmeldung erforderlich; **Geologischer Park, blaues Rathaus** mit Musikantenbrunnen
Einkehren: Fürstenberg Bräustüble, Postplatz 1-4, Donaueschingen, tägl. ab 11 Uhr; Gaststätte am Campingplatz Riedsee
Baden: Bei Donaueschingen gibt es neben einem Freibad auch einen Badesee, den Riedsee; Zugang zum Badestrand mit Spielplatz haben Sie über den Camping Riedsee, Am Riedsee 11, 78166 Donaueschingen/Pfohren, Mai–Sept 9–19 Uhr, Erwachsene 3 €, Kinder ab 5 Jahre 1 €.

Im Gegensatz zum waldreichen Nordschwarzwald und dem bergigen Südschwarzwald bietet die Baar, östliches Randgebiet, ein idyllisches Bild offener Landschaft. Auf der gemütlichen Fahrradtour erwarten Sie zwei hübsche historische Städte, ein tolles Kindermuseum und herrliche Landschaft. Die Tour ist kein Rundweg, aber wenn Sie möchten, können Sie ganz bequem mit der

HEY KIDS,

das Kinder- und Jugendmuseum in Donaueschingen ist echt cool: Hier dürft ihr (fast) alles anfassen und selbst ausprobieren!

Die Donauquelle befindet sich im Schlosspark der Fürsten von Fürstenberg.

SCHWARZWALDBAHN zum Ausgangspunkt zurückfahren. Die Fahrradmitnahme in diesem Zug ist völlig problemlos, aber kostenpflichtig. Wir starten in Villingen am Bahnhof. Von hier aus geht es wenige hundert Meter bis in die idyllische, **MITTELALTERLICHE ALTSTADT** Villingens, die Sie sich unbedingt ansehen sollten. Man sieht der Stadt noch ihren mittelalterlichen Ursprung an. Vier gut erhaltene **STADTTORE** begrenzen die schmucke Altstadt, wo sich liebevoll restaurierte Fachwerkhäuser an moderne Gebäude reihen. Im Rahmen der Gemeindereform 1972 wurden die Städte Villingen und Schwenningen zusammengelegt und treten heute als Doppelstadt auf. Im Gegensatz zur mittelalterlichen Zähringerstadt Villingen ist Schwenningen heute eher eine moderne Stadt, die stark von der **UHRENINDUSTRIE** geprägt wurde. Neben der hübschen Einkaufsstraße sind in Villingen auch das frühgotischer Münster und das Franziskanermuseum sehenswert. Vom Bahnhof aus folgen wir der Beschilderung für den Schwarzwald-Panoramaradweg Richtung Donaueschingen. Wenn wir die letzten Häuser der Stadt langsam hinter uns lassen, sehen wir rechter Hand den Magdalenenberg, den größten hallstattzeitlichen Grabhügel Mitteleuropas; hier fand man Überreste eines **EISENZEITLICHEN FÜRSTENGRABES**. Die Funde sind im Franziskanermuseum in Villingen zu sehen. Wir durchfahren kleine Dörfer, mal rechts mal links der Brigach

Villingen hat eine sehr schöne Altstadt.

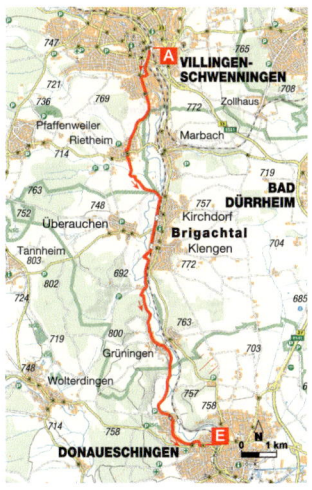

Der Donauradweg ist asphaltiert und sehr gut zu fahren.

und haben immer wieder einen sehr idyllischen Blick auf die besondere Landschaft der Baar. In Donaueschingen sollten Sie genügend Zeit für einen Stadtspaziergang, einen Besuch im Kinder- und Jugendmuseum und für die Besichtigung der Donauquelle mitbringen, bevor es mit dem Rad oder mit dem Bähnle zurück zum Ausgangspunkt geht. Sehenswert ist auch das SCHWEN-NINGER MOOS, südlich von Schwenningen – ein Regenmoor und Quellgebiet des Neckars. Auf einem Rundweg kann das Naturschutzgebiet erkundet werden. Ein guter Ausgangspunkt ist der Bahnhof in Schwenningen. Hier befindet sich auch die Touristeninformation, wo Sie sich mit weiterem Infomaterial eindecken können.

183

54 Wutachschlucht

Von Boll zur Wutachmühle

Die Wutachschlucht gehört zu den Highlights des Südschwarzwalds und das zu Recht. Mal idyllisch, mal spannend auf felsigem Pfad, mal über summende Feuchtwiesen, mal hoch über der Wutach, über Brücken, Treppen und Stiegen ist der Weg sehr abwechslungsreich.

Auf der unglaublich spannenden Wanderung folgen wir mal oben, mal unten dem Fluss bis zur Wutachmühle. Immer wieder gibt es schöne Stellen am Wasser, die zum Spielen und PLANTSCHEN einladen. Hier im Naturschutzgebiet Wutachmühle gedeihen über 1200 VERSCHIEDENE PFLANZENARTEN. Viele verschiedene Blühpflanzen locken Insekten und BUNTE SCHMETTERLINGE. Eine Einkehrmöglichkeit gibt es erst am Ende der Tour, denken Sie also an genügend Getränke und Vesper für zwischendurch. Der APFELKUCHEN am Kiosk Wutachmühle ist besonders zu empfehlen, bevor wir gestärkt mit dem Wanderbus zurück nach Boll zurückfahren. Die Strecke ist mit 10 km doch einigermaßen lang, aber abgesehen von kurzen Auf- oder Abstiegen relativ eben und auch mit jüngeren

Ausgangs-/Endpunkt: Wanderparkplatz Boll (GPS-Koordinaten: 47.837120, 8.350263)
Anfahrt: Der Parkplatz liegt an der K 6516/Wutachstraße/Boll; nutzen Sie den Wanderbus, der die Haupteinstiege zur Wutachschlucht anfährt. Der Bus fährt nur wochenends, unter der Woche wird die Strecke vom regulären Linienbus bedient. Aktueller Fahrplan und Übersichtskarte unter: www.suedbadenbus.de Stichwort »Wutachschlucht«.
Weglänge: 10 km
Ausrüstung: unbedingt festes Schuhwerk
Sehenswert: **Sauschwänzlebahn**, Fahrplan und -preise unter www.sauschwaenzlebahn.de; **Narrenstuben im Schloss Bonndorf**, Schloßstraße 9, 79848 Bonndorf Jan–Okt Do–Sa 10–12 u. 14–17 Uhr, So 14–17 Uhr, Nov u. Dez Do 10–12 u. 14–17 Uhr u. So 14–17 Uhr, Eintritt frei, Sammlung kunstvoll handgeschnitzter Holzmasken und Narrenkostüme
Einkehr: Kiosk Wutachmühle, An der L 171, 79879 Wutach-Ewattingen, wetterabhängig geöffnet, Mo–Fr 14–20 Uhr, Sa 11–20 Uhr, So 10–20 Uhr

Kleine Kletterei am Wutachaustritt

Kindern gut zu gehen. Planen Sie unbedingt genügend Zeit für Spiel- und Entdeckungspausen ein. GUTES SCHUHWERK absolut empfehlenswert. Bei Nässe oder gar Regen sollte man die Tour auf jeden Fall verschieben! Los geht's: Wir starten in Boll am Wanderparkplatz. Gegenüber vom Gasthaus Wutachschlucht geht es am Christuskreuz hinunter. Nach 600 m kommen wir zur BURGRUINE BOLL, auch Burg Neu-Tannegg genannt. Leider ist es aus Sicherheitsgründen verboten, die Ruine zu besichtigen. Vom Weg aus kann man Teile der Mauer erkennen. Die Höhenburg wurde um 1200 durch die Herren von Boll errichtet. Mitte des 14. Jahrhunderts kam sie in Besitz der Herren von Tannegg, verfiel jedoch nach und nach. Auf einem ZICKZACK-PFAD geht es weiter bis zum ehemaligen Bad Boll. Hier stand einst ein prächtiges gut

HEY KIDS,
wisst ihr, woher die Sauschwänzlebahn ihren lustigen Namen hat?

Der Weg durch die Wutachschlucht ist sehr spannend.

besuchtes Kurhotel. Hier flanierten gut betuchte Erholungssuchende, badeten, tranken Mineralwasser aus der Heilquelle und genossen die Annehmlichkeiten, die ihnen das Hotel bot. 1840 wurde das erste Badhaus errichtet, der Bau der HÖLLENTALBAHN und die fischreichen Gewässer trugen zur Beliebtheit des Kurhotels bei – bis 1914 der Erste Weltkrieg dem Kurbetrieb erst einmal ein Ende setzte. Danach diente das Gebäude zunächst als Tagungsstätte. 1975 brannte das Kurhaus nieder, die Bebauungsreste wurden nach und nach abgetragen. Heute erinnern nur noch die Kapelle und ein kleiner Alleenweg an die Pracht von einst. Dokumente zur Geschichte des Badbetriebs findet man hier beim Infopunkt, wo auch die Geologie der Wutachschlucht anschaulich erklärt wird. Neben der ehemaligen Kapelle stehen einige Tische und Bänke bereit für eine kleine Rast. Wir gehen weiter, der Beschilderung Richtung Wutachmühle folgend.

Hier kommen kleine Abenteurer voll auf ihre Kosten.

Bald sehen wir rechts eine beeindruckende FELSENMAUER, wir gehen über eine HOLZBRÜCKE. Der Weg steigt an und führt an einer Felswand entlang hoch über der Wutach. Der Weg ist gesichert, trotzdem ist hier vernünftiges Verhalten gefragt. Nach 3 km kommen wir zur Schurhammerhütte. Auch hier gibt es Tische und Bänke und eine Grillstelle. An sonnigen Wochenenden herrscht reger Betrieb. Ab hier sind es noch 6 km bis zur

Besonders beeindruckend in der Wutachschlucht fanden wir die steilen Felswände aus Muschelkalk.

Wutachmühle. Wir gehen weiter, mal unten, mal oben an FELSWÄNDEN entlang. Mit ein wenig Glück kann man sogenannte Drusen in den Felswänden entdecken. Dies sind kleine Hohlräume im Gestein, deren Flächen mit KRISTALLEN bedeckt sind. Der Weg führt wieder hinunter zum Fluss und zur WUTACHVERSICKERUNG. Hier verschwindet ein Teil des Wassers im karstigen Untergrund und kommt 1,5 km später am Wutachaustritt wieder an die Oberfläche. Weiter geht es zum Rümmelesteg. 1903/04 ließ der Schwarzwaldverein einen Wanderweg zwischen Bad Boll und der Wutachmühle anlegen. Teil des Wanderwegs waren vier Brücken, konzipiert und gebaut vom Bahningenieur Karl Rümmele. Von den ursprünglich vier Brücken ist nur noch eine teilweise erhalten. Wir sehen vom neuen Rümmele-Steg aus etwa 70 m flussabwärts eine Brücke, die im Nichts endet. Diese soll als Baudenkmal an die zerstörerische Kraft des Wassers erinnern. Wenig später gehen wir abermals über eine Holzbrücke und weiter am rechten Flussufer entlang kommen wir zum WUTACHAUSTRITT. Die Stelle erkennen Sie leicht, da Sie mit einem großen Schritt darüber steigen müssen. Etwa 2,5 km weiter geht es links über eine überdachte Holzbrücke zur Gauchachschlucht. Diese ist ebenfalls sehr sehenswert. Speziell für Kinder

An der Wutachversickerung

wurde auf dem Wanderweg durch die Gauchachschlucht ein Waldlehrpfad angelegt. Von der Brücke ist es nun noch etwa 1 km zur Wutachmühle und einem wohlverdienten EIS. Ein Tipp für Kenner: Die Wutachschlucht ist die bekannteste, aber auch die Seitenschluchten lohnen sich. So kann man sehr schön von der Wutachmühle durch die GAUCHACHSCHLUCHT zur Burgmühle wandern (Einkehrmöglichkeit). Oder Sie wandern durch die LOTENBACHKLAMM 1,5 km zur Schattenmühle und genießen dort ein Schwarzwälder Vesper. Die kleinen Schluchten sind noch ein bisschen wilder und vielleicht auch ABENTEUERLICHER als die große Wutachschlucht. Ein tolles Erlebnis für alle Eisenbahnfreunde ist außerdem die Fahrt mit der SAUSCHWÄNZLEBAHN. Der Name rührt wohl vom Tunnel Große Stockhalde, in dem der Zug, um die Höhenmeter zu überwinden, eine Kehre fährt, die ein wenig wie ein Sauschwänzle aussieht. Ursprünglich führte die Strecke von Lauchringen am Hochrhein quer über den Südschwarzwald nach Hintschingen. Heute wird nur noch der mittlere und spektakulärste Teil der Strecke mit der berühmten Museumsbahn befahren. Von Blumberg/ Zollhaus geht es auf 25 km über vier Brücken mit grandioser Aussicht und durch sechs Tunnel nach Weizen und zurück.

Register

Impressum

Verantwortlich: Sabine Klingan
Redaktion: Stefan Brückner
Layout und Illustration: Eva-Maria Klaffenböck
Repro: Cromika
Kartografie: Bruckmann Verlag GmbH, Heidi Schmalfuß
Herstellung: Miriam Tönnes
Printed in Italy by Printer Trento

★ ★ ★ ★ ★

Sind Sie mit diesem Titel zufrieden? Dann würden wir uns über Ihre Weiterempfehlung freuen.
Erzählen Sie es im Freundeskreis, berichten Sie Ihrem Buchhändler, oder bewerten Sie bei Onlinekauf.
Und wenn Sie Kritik, Korrekturen, Aktualisierungen haben, freuen wir uns über Ihre Nachricht an den
Bruckmann Verlag, Postfach 40 02 09, D-80702 München oder per E-Mail an lektorat@verlagshaus.de.

Unser komplettes Programm finden Sie unter 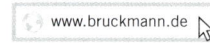 www.bruckmann.de

Alle Angaben dieses Werkes wurden von der Autorin sorgfältig recherchiert und auf den neuesten Stand
gebracht sowie vom Verlag geprüft. Für die Richtigkeit der Angaben kann jedoch keine Haftung übernommen werden.

Autorenempfehlung
Sie sind auf der Suche nach weiterführender Literatur? Dann empfehle ich Ihnen den Titel »Das große
Familien-Outdoor-Abenteuer-Buch« von Dietrich Hub und Coelestina Lerch. Oder Sie werfen einen Blick in
die Zeitschrift »Bergsteiger«. Hier werden Sie bestimmt fündig.
Ihre Veronika Beyer

Bildnachweis: Alle Bilder im Innenteil und auf der Umschlagrückseite stammen von der Autorin, mit
Ausnahme von S. 1 (Uwe Messner/Fotolia) und S. 127 (Flominator/Wikimedia CC BY SA 3.0)

Umschlagvorderseite: Auf dem Trampolin bei Schwärzenbach, Titisee-Neustadt (o., Brigitte Merz/Lookphotos), Auf dem Bauernhof (u.li., mauritius images/Catharina Lux), Kuckucksuhr in Schonach (u.mi., mauritius images/Maarten Udema/Alamy), Spielen am Wasser (u.re., mauritius images/Cultura/Stefanie Grewel)

Umschlagrückseite: Kletterspaß am Wildnispfad (Tour 9)

Die Deutsche Nationalbibliothek verzeichnet diese Publikation in der Deutschen Nationalbibliografie; detaillierte bibliografische Daten sind im Internet über http://dnb.d-nb.de abrufbar.

© 2017 Bruckmann Verlag GmbH
ISBN 978-3-7343-0824-6